智读汇

连接更多书与书，书与人，人与人。

案自经齐

案例萃取技术

王兴权 陆九奇 著

中华工商联合出版社

图书在版编目（CIP）数据

案自经齐：案例萃取技术 / 王兴权，陆九奇著 . ——
北京：中华工商联合出版社，2022.2
ISBN 978-7-5158-3225-8

Ⅰ. ①案… Ⅱ. ①王… ②陆… Ⅲ. ①企业—职工—
工作经验 Ⅳ. ① F272.9 2

中国版本图书馆 CIP 数据核字（2022）第 006225 号

案自经齐：案例萃取技术

作　　者：	王兴权　陆九奇
出 品 人：	李　梁
责任编辑：	吴建新　关山美
装帧设计：	王桂花
责任审读：	付德华
责任印制：	迈致红
出版发行：	中华工商联合出版社有限责任公司
印　　刷：	涿州市旭峰德源印刷有限公司
版　　次：	2022 年 4 月第 1 版
印　　次：	2022 年 4 月第 1 次印刷
开　　本：	710mm×1000mm　1/16
字　　数：	210 千字
印　　张：	15.5
书　　号：	ISBN 978-7-5158-3225-8
定　　价：	68.00 元

服务热线：010-58301130-0（前台）
销售热线：010-58301132（发行部）
　　　　　010-58302977（网络部）
　　　　　010-58302837（馆配部）
　　　　　010-58302813（团购部）
地址邮编：北京市西城区西环广场 A 座
　　　　　19-20 层，100044
http://www.chgslcbs.cn
投稿热线：010-58302907（总编室）
投稿邮箱：1621239583@qq.com

工商联版图书
版权所有　侵权必究

凡本社图书出现印装质量问题，
请与印务部联系。
联系电话：010-58302915

前　言

（本书使用说明）

亲爱的读者，感谢您选购本书，为了更好地使用本书，请您先阅读本书使用说明。

萃取技术是一个体系

企业最大的浪费是经验的浪费，"牛人"最大的浪费是经验的埋没，员工最大的浪费是重复的犯错。

萃取技术是一个体系，我自从2009年开始研究，经过十多年的探索和实验，已经开发了萃取技术的理论体系（如图1所示）。

2018年1月我出版了第一本萃取技术的书《萃取技术》，侧重萃取技术在组织经验萃取领域的应用；2020年3月出版了萃取技术的第二本书《个人经验萃取技术》，侧重萃取技术在个人经验萃取领域的应用；2021年1月出版了萃取技术第三本书《访谈式萃取技术》，侧重萃取技术在萃取他人经验中的应用；同年又出版萃取技术第四本书《一课千经：基于萃取技术的课程开发》，侧重萃取技术在课程开发中的应用。

萃取技术体系

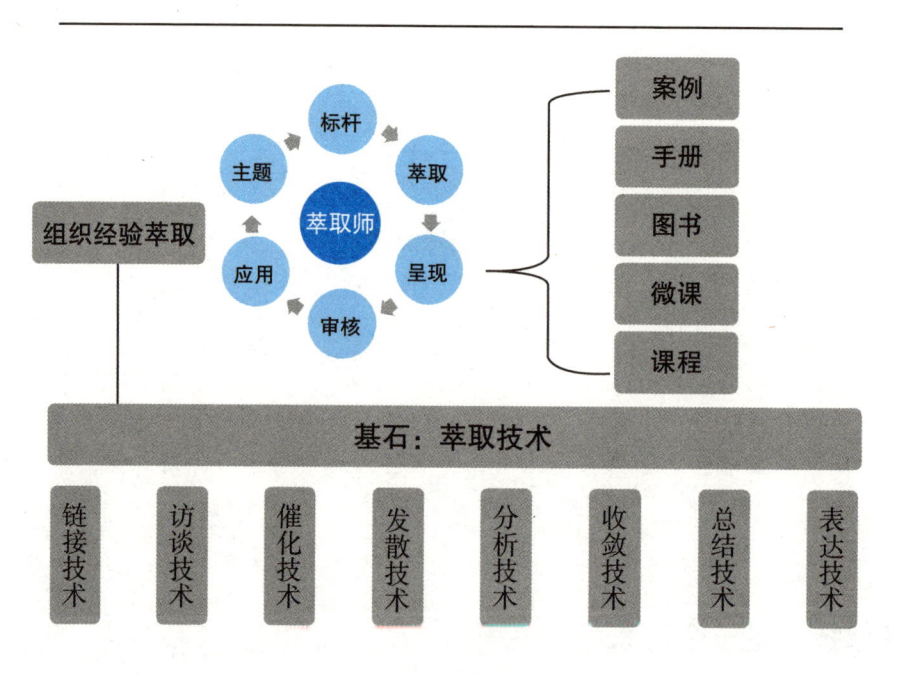

图1 萃取技术体系

  未来我还会推出《共创式萃取技术》《方法论萃取技术》《萃取师的工具箱》《萃取师的能力图谱》等图书，进一步建设萃取技术领域的方法论，促动萃取技术行业的发展。

  本书是萃取技术的第五本书，侧重萃取技术在案例开发中的应用。案例是组织经验萃取模型中"呈现"篇的一种常见载体，与手册、图书、微课、课程并称为五大成果类型。

"案"是载体，"例"是经验

我每年有两百多天的授课，其中"案自经齐：经验萃取与案例开发"就能占三分之一，每次都是大班萃取，每班的学员人数在30~40人，每个人萃取一个主题，开发一个案例，交付一个案例包。

"案"，是"个案"，是包括了"背景、冲突、经过、结果"的动态变化过程；"例"是"范例"，是能为其他同类"个案"提供参考的共性经验、普适规律。

基于案例看案例，就只是一个曾经的成就事件；跳出案例看案例，萃取背后的方法论，才是本质，才是企业萃取案例的初心和主旨。

案例背后是方法论

我曾给一个保险公司做经验萃取，主要萃取一个"牛人"，最后形成了一个达6万多字的"胡杰管理法"，这是在两个阶段共五天三晚的时间里萃取案例的结果，最终萃取出"目标管理、区域文化、资源管理、闭环管理、创新工作"等五星管理模式。这样的案例萃取，对指导公司的内部管理极具价值，可以将一整套可操作的方法论，更好地落实在日常管理工作中。

可见，花一点时间去萃取个案背后的方法，将其中具有普适意义的经验呈现出来，实现一种"举一'个案'反三'范例'"的方法论，使之成为组织知识系统的一种成果，进而去指导工作，让整个组织的存续发展质量更高，竞争力更强。

好案例是萃取出来的

案例是"牛人"的"牛事"，普遍存在，但案例本身并没有可复制的经验，使用对象也无法从"牛事"萃取可以复制的经验，这就需要对"牛事"进行萃取，才能形成可以复制的共性经验和个性经验。

好案例都是萃取出来的，好经验都是打磨出来的。

案自经齐，从案例到经验，需要过八关，这也是本书的八章内容。

第一章案例的本质，主要介绍案例的含义，案例广泛存在身边，案例本质是方法论，承载着经验和教训，澄清案例萃取在企业里的价值，案例作为呈现方式的优势，让员工在工作中有"案"可考、有"例"可循。

第二章案例的类型，主要介绍按照五个维度对案例的划分，可以从篇幅、岗位、结果、层级、质量等角度对案例分成不同类型，让案例有类可依，做到按需定类。

第三章案例的来源，案例来源分为内部来源和外部来源。内部案例是核心、主体，内部牛人众多，内部牛事众多。内部经验最接地气，最容易落地。管理、服务、营销类主题，可以借用外部案例，但经验萃取需要结合内部情况。

第四章案例的选题，主要介绍主题的选择、主题的价值、主题的颗粒度、主题的适用等内容，主题一跑偏，经验全推翻，案例选题要从使用对象的传承角度去立项，毕竟经验萃取是为了传承复用，使用对象需要的主题才值得萃取。

第五章案例的结构，案例的情节回顾采用五线谱的叙事结构，案例在撰写时需要遵循"带入场景、情节起伏、冲突激烈、真实再现、生动描述"的五原则，介绍了案例全结构的11个标准要素。

第六章案例的萃取，这一章是本书的核心，介绍了六种共性经验和六种个性经验的萃取，同时可以萃取案例中的遗憾教训，可以使用个人式萃取、访谈式萃取、共创式萃取三种方式灵活萃取经验。

第七章案例的评审，"无评审不应用"，需要对主题进行评审，确保是使用对象需要的；需要对个"案"进行评审，确保来龙去脉是描述清晰的；需要对范"例"进行评审，确保经验是使用的；可以使用案例评审表同时进行评审，萃取人根据评审建议进行二次优化，并且建立定期的迭代计划。

第八章案例的应用，企业可以建立案例库，促进经验的快速流动和传承，个人成长使用案例可以对标反省，使用案例进行教学，可以增加生动性；部门优秀案例，可以作为榜样进行宣传；团队管理使用案例学习法，促进团队的轻松学习；了解案例转文章、案例转课程、案例转手册的流程和方法。

从拍案而起到拍案惊奇

一个好案例的发掘，会让人拍案而起地赞叹，案例背后的方法论经验的萃取，会让人拍案惊奇，原来案例不再只是让人激动，还可以萃取出可以让人行动的可以复制的经验。

期望每个读者都能学会案例萃取技术，都可以开发自己的好案例，都可以萃取他人的好案例，让每一个案例都有可复制的经验，让每一个案例的精彩不可错过，让每一个经验都能落地传承复用。

"一案萃千经，一例传千人"，期待各位读者在练习中学习、在改进中提升，在推广中做到"案自经齐"。

王兴权（王萃取）
2021年11月9日 天津

Contents
目录

第一章　案例的本质　1
案例的含义　3
案例在身边　6
案例的本质　12
案例的价值　15

第二章　案例的类型　19
按照篇幅分类　21
按照岗位分类　25
按照结果分类　35
按照层级分类　39
按照质量分类　46

第三章　案例的来源　53
内部来源　55
外部来源　60

第四章　案例的选题　65

主题的选择　67

主题的价值　71

主题的颗粒度　76

主题的适用　80

第五章　案例的结构　87

案例情节五线谱　89

案例撰写原则　97

案例成果结构　101

第六章　案例的萃取　117

共性经验　119

个性经验　133

遗憾教训　146

案例萃取方式　152

案例萃取注意　159

第七章　案例的评审　163

主题评审　165

个"案"评审　169

范"例"评审　174

案例评审表　178

案例的优化　180

案例的迭代 186

第八章　案例的应用　191
案例库建设　193

个人成长　197

案例教学　200

榜样宣传　205

团队管理　208

案例转文章　212

案例转课程　217

案例转手册　224

后　记　229

Chapter 1 | 第一章

案例的本质

"案",是"个案",是包括了"背景、冲突、经过、结果"的动态变化过程;"例"是"范例",是能为其他同样"个案"提供参考的共性经验、普适规律。

基于案例看案例,就只是阅读一个曾经的成就事件;跳出案例看案例,萃取背后的方法论,才是本质,才是企业萃取案例的初心和主旨。

第一章
案例的本质

案例的含义

　　案例是一个通俗易懂的概念，在工作和生活中既常见，又常用，是经验成果的一种重要呈现方式。

　　公司小李最近表现不俗，与客户签订了一个100万的订单，团队领导非常满意，专门就此召开了一次业绩分析会。会上，张总连连夸赞小李能干，要求小李分享自己的经验：

　　"小李，你的这次签单很典型，是一个很好的案例，把你的经验给大家说一说吧！"

　　小李对这次的表现也很得意，可面对张总的提问，一向有点羞涩的他更加羞涩，结结巴巴地说了几点，如建立信任很重要、保持良好工作状态等。听着小李的分享，张总皱起了眉，提醒说："小李，你干脆把这次与客户打交道的过程给大家讲一讲，整个来龙去脉都细致地说一说，好不好？"

　　这下小李可算解脱了，要说讲一讲这次签单的过程，他可是有的说。于是，他细致地讲述了整件事的来龙去脉，张总和在座的同事们连连点头。

　　在这样的分享当中，小李很想毫无保留地分享自己的实战经验，但疏于萃取经验的他不知从何说起，而把整件事的来龙去脉讲清楚，对他来说并不复杂，因为是他亲身经历的，一切都历历在目。

其实，在这样的典型工作场景当中，正是"案例"本身在起作用，案例的意义和价值得到了凸显。那什么是案例，案例的内涵到底是什么？

将"案例"两个字分开单独去看，我们更能看清案例的含义，对案例有进一步的了解。

"案"是载体

"案"，是"个案"，是包括了"背景、冲突、经过、结果"的动态变化过程，是常常体现出某些因果关系的"事件"或"事情"。拉开一段时间去看"个案"，它甚至给人一种"故事"的滋味。如上文小李所经历的销售"个案"中，他对来龙去脉的陈述，在团队成员看来，就像一个异常精彩的故事。

听"故事化的个案"容易，但个案中承载了怎样的经验是更值得我们分析和萃取的。故事中有哲理，即使是一个小故事，也往往承载着一番"大道理"。同理，在每一个"个案"当中，都承载着极为丰富的工作经验。疏于经验萃取的小李，对故事化的个案如数家珍，对其中蕴藏着的丰富经验却认识有限、知之不多。

这就涉及案例中的"例"——具有示范色彩的共性经验表达。

"例"是经验

和"案"不同，"例"是"范例"，是能为其他同样"个案"提供参考的共性经验、普适规律，可以脱离个案本身指导其他同类工作，进而提升人们的整体认识，这是案例中更为关键性的东西，是我们分析个案，将它升华到共性经验、普遍真理的一个结果。

从个案中萃取出"范例"的示范，促使凝聚其中的工作思路、实操步骤、方法技巧等显现化，是我们进行案例开发的必要工作。

在生活和工作中，聪明的人懂得运用反思的方式去萃取人生的智慧，可以从一件小事中获取某种生存智慧、哲学奥义，进而避免自己在同样事情/任务/问题时再次犯错，这样的过程其实就是将"个案"中的道理进行深挖为"范例"的结果。

从哲学的角度去看，"个案"和"范例"，即"案例"中的"案"与"例"是不可分割的，只是它们一个代表着个性，一个代表着共性，两者对立而统一，形成一个完整的整体，是不可分割的。我们以"拆解"的方式将它们暂时剥离开，将两者的不同点揭示出来，把其中的道理讲得更清楚。

案例在身边

案例并不是只在精深的学术中才有，更不是仅仅存在于萃取的课堂上，案例的影子在生活中无处不在，只要你悉心观察，案例其实早已充满在你的生活、工作当中。

育儿：讲故事是案例

小孩子最喜欢听妈妈讲故事，但给孩子讲什么故事？常常是不少家长头疼的一件事。

中国著名犯罪心理学专家、育儿专家李玫瑾教授给出了自己的意见：最好选择"简短易懂的绘本故事"，慢慢地讲给孩子听。李教授的意见得到许多人的支持。李玫瑾教授是一位研究青少年心理的权威专家，更是一个案例研究专家，许多家长信赖李玫瑾，是因为信赖她对案例研究的精深，以及结论的科学。

故事就是一个具体的案例，家长通过故事传递个案的经过，孩子通过故事学习共性经验。

一个母亲在什么时间、以怎样的语气讲故事，以及一次讲多久、如何引导孩子走向自主阅读等，这些问题都可以参考成功者的案例去实践，从而结合自己的情况进行改造，以形成适合自家讲故事方法的宝贵经验。

八卦：糟心的经历

在职场中，一个聪明的员工，会时刻以别人的案例来提醒自己，从他人的案例中学会借鉴，从而让自己躲避深坑、稳健成长。

比如，在一家公司里，小李经常迟到，而小赵从不迟到。公司的管理时间比较宽松，不少同事对小赵从不迟到表示不解——既然公司对迟到从没惩罚过，迟到几分钟又能怎样？结果有一天，小李迟到被老板撞见，老板严厉批评了他。小李为此抱怨不已，那些曾经嘲笑过小赵的人再也不说什么。

午餐时，小李再次对着小赵抱怨，觉得自己很无辜。

在听过小李多次抱怨后，小赵说出了自己的心声：我之所以不迟到，一方面是对公司规定的尊重，坚持做一个守规矩的员工；另一方面，有一个固定的作息规律，对自己也是一件好事。小李这才恍然大悟，原来错不在公司，而在自己。

在这个案例当中，小赵当之无愧地成为员工的标杆，是因为在他坚持不迟到的行为背后，有极高的自我要求，也是这些人生信条在支持他这样做。

奖励：优秀标杆

奖励是对优秀者、优胜者的一种肯定，从而将其树立为标杆。标杆的成长历程就是典型的案例，是可以让别人学习和借鉴的。

比如，在一所重点高中，学校对学年成绩排名前十名学生予以物质和精神上的奖励，并号召全校学生向他们学习。学校的鼓励和号召，其所设定的学习对象堪称学习标杆，在他们身上则凝结着许多个性的和共性的高效学习方法。所以，各个年级的班主任常常不厌其烦地讲解他们怎么学习、怎样安排学习时间、怎样认真对待每一次的考试……

凝结在这些"学霸"身上的学习方法，经过萃取和整理，则会成为具有普遍实用价值的高效学习法。

教学：讨论分析个案

在各种各样的教学中，以讨论个案进行学习，去萃取共性的经验是一个常规之举。无论在985、211的大学课堂上，还是在由企业大学发起的培训中，案例分析、案例教学都很常见。

在国内，将华为、阿里等作为个案进行研究的材料非常多，研究者探究它们得以站稳市场、走向成功的精神密码。而以"失败企业"为案例的研究同样不少，著名财经作家吴晓波在《大败局》中，将中国市场化进程中那些著名的失败企业——秦池、巨人、爱多、三株、太阳神等进行精细地研究，他个人也因此成为企业个案研究专家、著名学者。

为什么要不遗余力地讨论和研究个案呢？是个案本身充满戏剧色彩、非常有趣吗？不仅仅是这些，而且是因为在个案中凝结着共性的启发和经验，通过个案的剖析，可以萃取出更有价值的思路和方法。

在电视剧《我的兄弟叫顺溜》当中，顺溜的枪法很准，据他说是靠着每晚瞄着床头的死蚊子实现的，却依旧不能解决大家在射击中存在的问题。而翰林通过调查，以教师的身份给大家上了一节生动的教育课。翰林研究了顺溜的射击方法，以此为案例进行剖析，得出了"鬼子上山瞄头、鬼子下山瞄脚、鬼子跑动多瞄一个身位、鬼子猫腰瞄着不动"等共性经验，彻底解决了大家射击无参照的问题。实际上，翰林的教学是以顺溜为案例进行剖析的结果，从而萃取出一整套关于射击的方法论。

聊天：现身过去说法

在我们跟人聊天的时候，我们总是喜欢把"最好的自己"呈现出来，并把个人最好的建议给予别人，从而将自己最好的经验传递出去。这个过程，其实也是以自我为案例进行萃取，从而输出经验的过程。

在听说老家的一个侄子要参加2020年高考时，我连忙和他煲起了电话粥，回想我近二十年前的高考经历。时间虽已久远，但在他即将奔赴高考的前夕，我的记忆立刻被唤醒，从而给了一番"我的建议"。在记忆烦琐的公式、术语等知识点时，我那时是抄写下来，边写边琢磨，强化印象。对于难题，我那时是把做错的题整合在一起，做成错题本。对于容易误解的一些内容，我列出了对比的表格，便于明确异同点。对于大段需要记忆的内容，我用磁带给自己录音，然后在吃饭等时间播放来强化记忆……

撂下电话，我忽然意识到：自己的经验也许未必能真正帮助到他，但至少对他是一种鼓舞。

在这个过程中，实际上也是以自我为案例，进行了一次小小的萃取。可见，案例萃取在生活中是何等普遍。

复盘：战斗中总结

公司在做项目的过程中，项目经理常常停下来思考，考查进度、考查人事、考查可能出现的变化；在项目结束后，更常常组织复盘工作，以总结经验、吸取教训。

不管是过程中的复盘，还是项目结束后的复盘，其实都是运用萃取技术对"工作思路、流程、方法、技巧、注意"等进行总结。复盘一向重视对事件来龙去脉的梳理，目的便是服务于"成果"，以便调整思路、查找不足。

复盘是一个流行的词汇，也是一个清理工作的过程，保证目标方向不偏移，从而让整个项目得以高质量地完成。每一次复盘，都是在回顾个案中萃取经验、总结教训。

汇报：说清来龙去脉

在工作汇报时，往往也会把成功事件或失利事件做一个回顾，这就是在回顾"个案"，然后由此展开。从中获得了什么经验、梳理了什么教训，这就是在做案例萃取。

汇报个案时要说清来龙去脉，将背景、冲突、经过和结果完整地讲述清楚。讲述时要把个案分成几个阶段或节点，把每个阶段或节点完成了哪个任务，克服了什么困难，采取了什么行为，最终取得了什么结果，全部说清楚。

这个结果的取得，从中分析萃取一下，哪些是共性的可借鉴的经验，哪些是个性的可参考的经验。通过汇报把个案中的经验传播出去，让更多人不但听个案时激动，更知道听完之后自己可以怎样行动。

人们对汇报的理解也存在一定的差异，比如有的人汇报时讲究三重结构，以确保汇报内容的思路是高度清晰的；有的人侧重汇报时的信息量，以体现自己工作的价值；而有的人会将汇报内容PPT化，给人以赏心悦目的感觉。

有效的萃取，才是汇报工作的重点。领导者不仅要看你在工作中做了什么，更要看你是怎么做的。而怎么做的最能体现一个人是否有丰富的创意、系统的工作思路，能否对他人的工作形成一种借鉴，甚至是一种指导。而这恰恰是经验萃取、案例开发过程中可以形成的一种能力。从个性的项目中，经萃取技术输出宝贵的项目经验，才是对组织更大的贡献。

发生的事情就是个案，通过个案去说理、传经就是在做萃取。选择成功、优秀的个案，萃取经验进行传承和复用，才不会把身边案例所蕴藏的经验浪费。

案例的本质

案例开发之所以有着巨大的价值，是因为透过案例的表象，可以挖掘出内在的精华，这便是案例背后的方法论，以及案例所承载的各种经验和教训，进而去更好地指导后面同样的工作。

案例背后是方法论

每一个鲜活而典型的案例背后，都有着深层次的经验，从不同的角度去看，甚至可以萃取出不同主题的经验。当然，在一个典型案例中，选取最主要的角度，萃取出更主要的经验，而将次要经验保留，是开发案例的一种重要技巧。

这提醒我们：案例的背后是系统的工作方法论。这也是我们高度重视案例、开发案例的初衷，更是萃取案例技术所具有的特定功能。

事实告诉我们：一个经典的案例，甚至可以萃取出一整套的工作模式，进而去推广这种模式，实现更大的成绩。

我曾给一个保险公司做经验萃取，最后形成了一个达6万多字的"胡杰管理法"，这是在两个阶段共五天三晚的时间里萃取案例的结果，最终萃取出"目标管理、区域文化、资源管理、闭环管理、创新工作"等五星管理模式。这样的案例萃取，对指导公司的内部管理极具价值，可以将一整套可操作的方法论，更好地落实在日常管理工作中。

可见，花一点时间去萃取个案背后的方法，将其中具有普适意义的经验呈现出来，实现一种"举一'个案'反三'范例'"的方法论，使之成为组织知识系统的一种成果，进而去指导工作，让整个组织的存续发展质量更高，竞争力更强。

案例承载经验

既然案例本身承载着大量的经验，那么这些经验都包括什么呢？从经验类型来看，主要体现为共性经验和个性经验。

其中，共性经验的输出，可以跳出案例本身去更广泛地指导工作，从而成为一种通用的解决问题的原则、流程步骤和方法；而个性经验虽然不如共性经验那样可以普遍运用，却常常可以带给使用者改造经验的思路或启发，从而结合自己的工作实战，创造性地使用经验，进而萃取出自己的经验和技巧。

比如，在技术类案例开发的过程中，某公司要求几十名工程师萃取特定的主题案例，不少工程师的案例是以排除器械故障为主，其中一名工程师是对"波纹管漏油进行的技术分析"，其案例中提及："对现场异常现象的辨别需要一定的经验，在正常进行过程中，相对间隙的部件一般会出现稳定的声响。当现场出现异响时，需要停下进行一番检查……"

那么，现场出现怎样的异响才是判定故障的标准呢？受另一名工程师个性经验的启发，该工程师对"波纹管漏油异响"进行了一番细致描述，让自己的经验更加丰富、细致、实用。

在这个过程中，一名工程师对另一名工程师的个性经验进行了采集、借鉴，从而丰富了自己的案例内容。这便是借鉴别人的个性经验而开展案例开发的一种典型表现。

案例承载教训

企业组织力量所开发的案例，其中既有成功的典型案例，也有失败的典型案例。不管是成功案例还是失败案例，其中都可能承载着某种教训——短期不足便是一种最典型的表现。

在案例结构中，面对即将展开的工作，员工采用了某些迎接挑战的方法，这些方法的选择，在当时条件下也许是最好的选择，但对整个工作的流程而言，可能尚存某些不足和遗憾，能从这些不足和遗憾中看到改善的方式、技巧，对实现最佳实践是一种更好的保障。

所以，每一个案例都有迭代的空间，都有完善的空间。这就涉及一个"长远策略"的问题。在每次的案例开发中，我们会提供"长远策略"的改善思路，供学员给案例迭代留下空间。

长远策略的存在，是每一个案例提升自我、改善自我的一条渠道，为后续条件的变化、使用者的完善等，给出了一条切实的路径。

基于案例看案例，就只是阅读一个曾经的成就事件；跳出案例看案例，萃取背后的方法论，才是本质，才是企业萃取案例的初心和主旨。

案例的价值

在企业知识管理、经验积累的过程中，案例是最佳的承载经验、体现知识点的一种形式。案例库的建设在不少企业已经开展起来，发挥"从个案中学经验"的特殊作用——这全赖案例本身特有的价值和优势。

案例价值

案例，不管是成功案例还是失败案例，都能对企业的员工起到积极的提升作用。成功的案例从正面引导员工正确做事，用成功复制成功；失败的案例从反面警醒员工避免误入歧途，避免错误重复发生。

陆九奇老师在大学毕业后，进入一家出版单位工作，成了一名普通编辑。在入职后第一次培训会上，总编辑便讲了一个典型的案例。案例发生在另一家出版公司，因其编辑工作不严谨，导致某个词语的出现伤害了特定群体的感情。仅一字之差，其后果便是单位领导带着图书责编，不远千里给人道歉。最终的处理结果，还要根据对方的谅解程度再做决定。

这个案例时刻给陆老师后续工作警醒，提醒他"编辑的工作虽然普通，但是绝不容许有任何疏忽"。可见，一个典型的案例可以指导员工、提醒员工做正确的事情，从而避免各种可能的错误。

对企业来说，开发案例便于逐步构建独特的知识系统，形成原创的技术积累，并对各项工作真正做到有"案"可考、有"例"可循，这样做可以极大地提高企业的整体战斗力，便于指导员工在工作任务执行中科学做事、高效成事，真正实现提高工效、降低成本，让企业在市场中有更为强大的运转力、竞争力。

"牛人"才华不埋没

对参与案例萃取的"牛人"而言，经过一次经验输出的历练，不仅可以全面梳理个人的最佳实践，为企业知识系统添砖加瓦，体现其丰富的经验与才华。同时，参与经验萃取和案例开发本身，更是一次极佳的学习机会，既可以系统整理自己的典型案例，提供解决问题的最佳思路，又是一次绝好的自我成长过程。

"小白"成长更快速

对入职的新员工来说，宝贵的案例是其快速洞察企业工作思路、领略企业解决问题流程的好机会，有助于自己更快、更好地融入企业大环境，快速提高自己处理问题的能力。

对经验尚薄弱的职场"小白"来说，向"案例"学习，去复制和探究一份份宝贵的经验，可以让自己更快成长，更好地熟悉工作思路，无异于向组织内最优秀的人才"取经",以生动而又深入、个性而又共性的案例为"师",能更直接地触摸到工作中的痛点和难点,更灵活而高效地解决各种问题。

案例优势

经验萃取的结果可以有多种形式,比如课程、文章、书籍、视频微课等,其中案例的优势是非常明显的。

1. 案例的规格适中,开发过程相对轻松

选取案例时有规格的要求,有主题颗粒度的规定,这对案例的成功开发是一种保障。同时,适度的规格和相对容易的开发过程,也成了案例自身的一种优势——开发者在开发、学习者在使用时都不会感到任务过重,而又在事实上总结了工作经验,归纳了工作方法。

根据企业综合开发案例数量等因素的不同,案例开发的过程一般在两三天到一周的时间,与书籍、视频制作等相比,案例开发的过程相对轻松。

2. 案例可以批量开发,成果更加丰富多样

一次案例萃取,可以同步萃取十几个甚至几十个案例,这些案例成果是多样的,可能涉及工作中的多个单元系统,如营销案例、销售案例、技术案例、客服案例等。

这种批量开发的优势,大大降低了企业的时间成本和物质成本,能够使企业在短时间内一次性输出大量成果,对企业快速搭建知识平台、建设案例库等非常实用。

3. 案例成果易传播，方便团队成员自学

和"重型成果"图书、长视频等相比，案例是一种"轻型成果"，其篇幅从几千字到几万字不等，非常容易在企业内传播，方便学员进行自学。同时，和篇幅长的书籍内容相比，案例成果围绕"事件"进行深度剖析，常常给出流程化的操作步骤，对其中内容划重点、析难点，层次清晰地给出方法、技巧、注意事项等，对学员的快速学习、轻松领略、转化使用，都是没有任何障碍的。

总之，和其他成果相比，案例的优势是明显的，它是一种相当实用，上手较快，承载了丰富经验信息和实践流程的"绝佳教材"——甚至就是企业知识积累的一个关键的落脚点。

Chapter 2 | 第二章

案例的类型

案例，从不同的角度可以进行不同的分类，以避免千篇一律，还可以让企业在搭建案例库时有更多选择。当然，从中选择有价值、有意义的角度是关键，比如按照篇幅、岗位、结果等，同时应结合企业需求和应用搭建适合自己的案例库。

第二章
案例的类型

按照篇幅分类

不管案例大小，它们在结构要素上都是相对固定的，只是在呈现时有字数上的差异。所以从篇幅的角度去看，案例可以分作微案例、小案例、中案例和长案例四种。

2000 字内的微案例

微案例，顾名思义，其篇幅是微小的，一般在 2000 字以内，以 1000~1500 字较为常见，又称一页纸案例。但正所谓"麻雀虽小，五脏俱全"，微案例虽然篇幅不大，但是承载着相对完整的案例结构，其蕴含的知识量和工作方法是比较核心的。

微案例的制作看似容易，其实对萃取者有着很高的知识考验，需对其中的关键要点进行浓缩，体现出案例中的精华。

一般来说，微案例主要集中在管理场景当中。这与萃取者和使用者的职位较高、工作较忙等背景因素有关，也考验萃取师的萃取能力，必须在较短的时间内将一个管理场景进行深挖，萃取出最有价值的要点和工作方法。

对微案例的萃取来说，一般需要 1~2 天的时间，集中萃取、集中开发，进而将一个结构完整、篇幅简短的案例做到位。

2000～5000字的小案例

小案例，是篇幅相对较少，但较微案例篇幅略多的一种案例类型。

小案例的开发字数一般在2000～5000字，是一个浑然一体的案例构成。其案例开发策略主要是针对一个点展开，一般表现为工作中的一个事件，围绕事件的来龙去脉进行案例的描述，以及进行多角度的案例分析，从而萃取出该事件留给我们的工作流程、经验教训等。

小案例的开发适合多种工作场景，其展开的幅度是适中的，工作量相对轻松，尤其在集中十几名甚至几十名员工分别做独立萃取开发的时候，可以一次性萃取大量的小案例，从而一次性解决岗位、部门或公司的案例库建设需要。如果一次案例萃取，只是针对一个岗位、主题或人群，每次萃取的几十个案例是系统性的，那么还可以合成为案例集。

小案例的开发一般需要2～3天的集中时间，进行案例开发的员工最好脱岗开发，以便发挥出最大的开发力量，将小案例的内容萃取到位。

5000～10000字的中案例

中等案例，简称"中案例"，是篇幅居中，展开幅度较大，体现较为丰富的工作方法和信息量的案例。就其篇幅而言，一般在5000～10000字。这对平时疏于总结、写作的员工而言，是一个不小的挑战。

从中案例开发的特点来说，其主题一般针对较大的工作任务、工作问题或者工作项目，要求萃取者有能力梳理较长时间、较大跨度的项目内容。所以，常常需要3~4天的时间全力投入，才能确保案例的完成度达到100%。

中等案例的规模，对一般的员工是一个不小的考验，不仅需要公司遴选真正的精英投入其中，还需要在确定主题的基础上，进行细致的主题拆分，填充大量的细节，更需要深邃的剖析、萃取能力，才能保障中案例的高效落地。

10000 ~ 30000 字的大案例

大案例，是案例开发中篇幅最大、耗时最久、用心最深的案例类型，其篇幅一般可以达到 1 万 ~3 万字，甚至更多字。

一个案例变"大"的原因，从出发点上看是重要性和周期性，而从萃取过程看，则需要萃取者在萃取师的引导下，走向更深入的案例层次，全角度去萃取案例，全结构去撰写案例，从而实现一种重要案例的"全景展示"，使之集中最丰富的信息和经验。

因此，不是所有的案例都有必要萃取成大案例的。一般来说，大案例开发所集中指向的往往是重要的工作项目、公司级 / 集团级案例等，这在案例开发前需要和萃取师进行沟通，在双方达成共识的前提下再启动萃取项目才更科学。

大案例之所以有着上述的文字规模，完全是其项目重要性和级别等因素决定的，旨在将公司、项目中最重要的经验深挖出来，从而促使其成为公司知识系统中的重磅内容。对不少技术类的项目来说，其开发过程涉及大量的知识数据，涉及技术工程人员工作中的关键性经验，非常值得开发。但开发的结果要做到保密，以免公司某些核心数据、核心经验被外界复制。

哈佛大学案例教学，与这里强调的大案例有诸多相似之处。只是前者常常是出于一种教学的需要，对某些个案进行细致、周全地解析后写入教材，供教师在讲授时使用；而公司内大项目的大案例开发，旨在萃取共性和个性经验，梳理关键的经验和教训，从而更好地服务于公司发展。从这个角度而言，

/ 23

公司的大案例更具实用价值、实战价值，绝不是书本意义上的，更不仅仅是为教学服务的。

大案例的开发相对耗时多一些，一般会用4~7天的时间。同时，常常将上述时间划分为萃取初稿和审核定稿两个阶段进行萃取，从主题到结构，从内容到细节，从事件到经验等进行全方位的经验输出。

案例篇幅的大小，确定了萃取的深度和经验的广度，但并不是篇幅越大越好，还需要结合萃取主题的颗粒度、受众人群、传承方式、参与学员的战斗力等因素选择案例篇幅大小，不要单纯追求字数数量，而要考虑能否在既定时间之内高质完成。

第二章
案例的类型

按照岗位分类

按照岗位进行经验萃取，是一个天然而科学的选择，真正体现出"专业的人做专业的事"的原则。从一般的角度去看，公司的市场部做营销推广、客户经理做开发与维护客户、管理干部做管事理人等方面的案例开发，是科学而合理的。同时，按照岗位类型进行案例开发，有助于公司根据条件和要求，建设不同类型的案例库，而将不同岗位、不同类型的案例进行一定方式的合成，就容易生成公司级的案例库。

团队管理案例

团队管理案例是公司案例库建设的重中之重。它是公司高管、管理干部等从事专职的管理工作时所积累的实用经验，对公司的存续发展、管理文化、管理能力等更是一个风向标。

管理，其本质恰如菲利普·科特勒在《营销管理》中所界定的：管理者是通过他人来完成工作的。这符合主流职场中的认知常识，在不少管理者的眼中，抓住了公司中关键的人，疏通管理好这个人群，便能使之完成既定的战略目标。不过，随着时代的蜕变，变化缓慢的人性和人心也在改变。如果

案自经齐：案例萃取技术
Case study: case extraction technology

管理好"90后""95后"等员工，从偶尔的社会热点中，便可见一斑。

不同的人在成为公司管理者之后，受到个人知识背景、工作经验、思想方法的影响，会接受、认同、改造和创新一系列的管理方法，从而成为其管理学方面的"秘籍"，有时这种"秘籍"是秘而不宣的。但各种管理的思想与方法，就凝结在这些秘而不宣的管理结果上，研讨和分析这些结果，可以追根溯源般地找出其内在的"管理密码"——这是管理经验萃取的内在逻辑。

一个典型的管理变化是，传统的自上而下的制定战略、分配部门任务等方式似乎在走向边缘，以"OKR"①系统为核心的管理方法正在中国"大行其道"。包括字节跳动、华为、百度等公司都运用得很是成功，成为这几年来流行的管理热点话题。不少中小公司也受到影响，而将"目标与关键成果"法则在公司内尝试、推广，其效果因公司文化、基因等条件而有不同的差异。

故而，中国式管理也随着时间发展的更新、迭代，从20世纪80年代简单粗暴的粗放式管理，朝着越来越精细化、精密化的方向发展。一般来说，在市场上立住脚跟的公司，都有一整套独特、有效的管理经验，一份极其宝贵的系统管理思路。如不及时萃取、更新迭代，一方面令人感到可惜，另一方面则可能走向故步自封。多年前起到"开疆拓土"之功效的管理，在今天该怎样变化，才能让整个公司更具竞争力？

萃取公司管理经验的过程，便是在探索、回答上述的问题，进而在既定管理体系的基础上，去延伸、拓展其丰富的内涵，使之走得更远。

---

① OKR(Objectives and Key Results)即目标与关键成果法，是一套明确和跟踪目标及其完成情况的管理工具和方法，由英特尔公司创始人安迪·葛洛夫（Andy Grove）发明。

职业化案例

职业化，是不论领导还是普通员工都必须面对的一个话题。在某种意义上，职业化的程度决定了一个人在职场中发挥的能量的大小，而整个公司的职业化程度，则使之拥有不同的市场竞争力。

职业化不是一个虚的概念，它是扎实地体现在每一个工作岗位的内在要求，并随着时间和外部环境而蜕变的东西，其内涵常常随着外部变化而延伸、拓展，考验着每一个从业者的职业态度、能力和价值观。比如，一个人行10年的人，如果不能随着时代发展去延展自己的专业程度，而是坚持使用10年前的工作经验，那么，不仅其个人无法得到提升，而且其工作的价值、对公司的贡献等，实际上也是在连年萎缩——这便是将一份经验套用10年的后果。

职业化的案例是多样的，根据岗位的不同有不同的内涵和价值。不管员工从事的是什么样的岗位，都必须充分领略该岗位内在的价值，带着一套价值和方法去工作，并在时间的作用下创造一份属于自己的经验。这种经验的萃取，对提升个人、整个公司的职业化程度、专业化程度都具有非凡的意义。

比如在设计行业，一个设计师仅仅会使用PS、CAD等设计软件是不够的，即使他必须根据软件的发展，不断提升自己的技能。设计师的工作从来不是一个单纯依靠软件的技术性工作，而是一个高度依赖创新精神、创意才华的创造性工作。换句话说，对设计师来说更深层次的能力是创意，创意是核心能力。

美国作家菲茨杰拉德，他以惊人的才华创造了大量的文学经典。《了不起的盖茨比》就是其中之一，书中，作者对美国20世纪20年代进行了极为生动的故事化描摹。但菲茨杰拉德的编辑珀金斯看到的始终是传奇作者的另一面——他的文稿常常是错别字很多，更改拼写错误让这个知名编辑很是烦躁。但这丝毫不影响杰拉德的文学成就，因为技术性的修改是人人可为的，并非职业化作家核心的能力，创作故事才是。

所以，在萃取职业化案例的过程中，我们最需要的是抓住其核心、内在的关键能力，进行案例剖析，得以拿出最能塑造这个职业的关键要素。

营销推广案例

在市场竞争白热化的今天，谁不重视公司产品、品牌和文化的营销，谁便是"傻瓜"一个。这似乎早已是一个常识。营销在公司中的意义和价值，永远是战略性的，没有良好的营销思路、方法和经验，明天和意外哪一个先来，似乎是一个不太值得探讨的话题。

实际上，人们常常将公司分为两种，一种是产品驱动型，以研发见长；另一种是营销驱动型，常以营销令业界瞩目。当然，这种划分并非绝对，兼顾产品和营销，在两者之间找到一个微妙的平衡点，似乎是更加科学、更能令企业"续命"的内在法则。

著名企业家史玉柱的起家之作叫作"M-6401"（汉卡），是中国人以软件介入计算机的一个典范作品。随着几次迭代升级，成为一个当时异常成熟的软件。如何才能提高它在消费者眼中的认知度呢？大胆的史玉柱将当时销售的资金全部投入到《计算机世界》，以期打开消费者的大门。结果，短短几个月的时间，汉卡便迅速崛起，该营销案例成为经典。后来，巨人集团倒闭，极具营销才华的史玉柱，再次以"脑白金"等产品东山再起——尽管保健品始终有些社会争议，当凭借高超的营销手段，史玉柱重新成为企业大佬。在这个老生常谈的故事中，我们可以见到营销对企业的意义和价值，没有高明的营销手段，是不足以把好的产品快速推向市场、赢得消费者认可的。

对大部分企业而言，能够在市场化的风风雨雨中闯荡过来，浑身的"泥点子"其实很值得我们反思、萃取，因为在这些"泥点子"当中，有着异常丰富的营销经验。一个企业如能把纵向的营销经验累积出来，不仅可以看到自身真正的成长基因，更能激发公司营销人员的奋斗精神。

营销是一个极具挑战性的工作，能结合快速而微妙的市场变化，早于竞争对手半步去占领消费者心中的重要地位，便足以在同类产品中称王称霸。所以，营销案例特别值得萃取，尤其是拥有大量营销人员的公司。因为不同营销者的能力不同，将其中的优秀者经验挖掘出来，成为一种普遍的参考标准，可以让其他人员快速复制、创造性使用，这对公司的产品营销、品牌营销，乃至文化营销，都有着不可估量的价值。

想想看，一个有效的营销案例在个别营销者手中，创造的结果不过是星星之火，如果能萃取、复制、创造、运用，则"可以燎原"，起到"引爆"市场的奇效。

服务投诉案例

服务投诉型案例，是属于典型的"高频、易错"型案例的萃取，其价值在于将客服人员的"作答"，即应对客户反馈、投诉等，形成一个高度标准化的操作流程，萃取出某些共同的话术，从而不仅让企业在服务方面有了统一的标准，还能在无形中打造良好的企业形象，更可以有效发现产品不足，发现消费者某些特定的需求。这对企业来说，是一个一举多得的好事情。

萃取服务投诉型的案例，并集成案例库，供公司大量服务人员学习。

1. 统一的话术

这是在应对服务投诉场景中，值得萃取的最基本经验。但不少人容易误解：客服的应答话术自己也可以编辑一份，这岂不是很简单？其实，这样想就大错特错了。

经验萃取的初衷是萃取最佳实践，而不是常规的应答和常规的方式。最佳实践存在于经验丰富的员工脑海中，并且不同的人有着不同的思路和方法，常常需要科学比对，充分验证（验证是萃取课堂中不可缺少的一个环节），才能将之上升到组织经验的层面，统一推广和使用。

话术集，是企业服务人员针对各种场景，筛选出的最具典型意义、高频易错的问答集，其给出的方法融合了萃取者的个性经验，又具有普遍的适用价值，故而值得在全公司推广使用。一本具有生命力的话术集，是需要集众人智慧才能萃取而成的。

2. 人际交互的经验

服务人员工作的一个关键在于，他们和各种各样的事情打交道的本质是跟各种各样的人打交道。其复杂的程度，有时是难以想象的，必须积累足够的经验才能灵活应对。

举一个银行老年客户的例子。

一位65岁的老人老李在银行办事，巧遇银行搞活动，推广一款APP，凡下载安装者都可得到一瓶色拉油。银行工作人员在帮老李操作完手机后，忘了关掉移动网络，导致老李几天后流量费高达惊人的500元！老李一年的电话费也没有这么多。老李了解情况后，怒气冲冲地登门找工作人员理论。

处理该问题的是另一名经验丰富的客户经理。很显然，她知道如何与65

岁的老人打交道。她当场向老李道歉，并给予了一定的物质赔偿。为打消可能的后续麻烦，该经理当着老李的面给他的儿子小李打电话，希望得到小李的理解。因为她知道，这个年纪的老人，更相信子女。可见，这名经理对人性有着丰富而深刻的认识。

听说这个案例后，我开玩笑说，这可能是一种"游击战术"：围点打援。先稳住老年人，再给年轻人打电话，以阻止其可能出现的"援助"。

实际上，在和人打交道的过程中，每个人既有自己恪守的原则，也有处理问题的灵活。比如在福州兴业银行的案例萃取课堂上，一名客户经理在萃取经验时说："千万句聊，不如一句懂。"通过标签来建立客户画像，能让我们对客户的基本情况心里有底，能更准确地找到切入点。如果我们对客户一无所知，只是千篇一律的营销话术，那么客户难免觉得"冷冰冰"。

而另一个处理客户关系的经理，也萃取出一条令人拍案叫绝的方法：见到甲方就哭穷。

不管是"千万句聊，不如一句懂"，还是"见到甲方就哭穷"，其实都是服务人员在人际交互中最深刻、最生动的一种经验性表达，在这种原则或灵活的基础上，他们深挖具体的方式方法，给了大家以深刻的启迪。

3. 及时反馈信息，感知市场变化

服务投诉应对者的另一个深层次价值在于，能及时了解消费者的某些需求，从而向公司反馈信息。对产品、服务等的弥补与升级，哪怕是局部的升级改造，也可能很好地延续公司产品、服务的生命力。

商界大佬史玉柱曾坦言：客服是公司里最好的一个岗位，可以很好地感受到消费者的感觉，从中挖掘出为公司内的人员所忽略的产品需求。史玉柱

不仅这样说的，更是这样做的。他曾以客服的身份进行区域调研，去和许多消费者当面交流，进而挖掘出深层次的需求。他还是一个主动出击的特殊客服。比如，在脑白金的开发过程中，其包装就经历了颠覆性的改变，将其从药物性的小体积包装，改成适合送礼的大包装，让消费者更有面子。

许多人不知道的是，在史玉柱的名片上，有三四个身份表达，除了"（巨人网络）董事长兼CEO"，更有"首席体验官"和"高级专家客服"的字样。可见，史玉柱对与消费者打交道是何等的看重。

产品研发案例

如果说营销案例的开发，能让一个企业的产品或服务快速崛起的话，那么产品研发本身则决定着一家企业能够走多远。

随着时代的发展，那种单纯以营销策略为主或为重的公司，越来越意识到研发产品的重要价值，从而将更多的人力、资金、时间等投入到产品的研发当中。不过，没有一家成功的企业，是靠着闭门造车式研发而走向成功的，研发人员必须对市场、消费者需求、产品的工艺包装和技术支持等有着深刻的理解。当然，这之中更主要的还有产品研发的创意能力。

产品研发者最大的欢喜，是见到自己研发的产品隆重上市，被广大消费者点赞、购买，以及复购和传播。在这样的过程中，必须及时萃取经验，持续精进，才能保持在市场上的不败之地。

成功被市场认可的产品值得萃取经验，而失败的产品研发，同样值得在萃取中深挖教训，以找到研发进程中的误区、盲点，进而去更好地跟进市场，洞悉下一代产品的走向。

研发产品的时间久了，你能发现一个道理：产品的研发和迭代自有其逻辑，而萃取研发经验的目标之一，便是能让更多的研发者早一点洞悉这一点，从而以自己的努力去迎接下一代产品的到来。

安全风险案例

千里之堤，毁于蚁穴。对大型的、生产性的企业而言，安全问题始终应该摆在一个战略高度，企业中的人员需时刻保持一种安全意识。否则，一旦安全出现问题，其后果是极为严峻的。

安全风险的案例很多，主要体现为两种：一种是产品本身的设计安全问题、故障排除问题等，这对公司和产品的信誉等有着不可估量的价值；另一种是外部的环境安全，主要体现为人的意识问题。

1. 产品安全问题

产品和人一样，是一个整体的系统。对大的生产性企业而言，在产品的设计、技术等环节绝不能出问题，必须将安全问题控制在自己手中。比如，在我们对中车某公司进行的为期两天的经验萃取中，公司选定了二三十名工程师，对产品的故障问题进行专题性的经验萃取。

作为"过程专家"，萃取师对工程师眼中、头脑中的故障知之不多，但在指导的过程中，我们可以感受到工程师思维的高度严谨，思考时的高度理性。在我们看来异常枯燥的话题，如《牵引电机绝缘故障解析》《电机温升计算与实验对比》《波纹管漏油故障分析》等，他们却能津津有味地思考，异常严谨地萃取和输出。这是令人叹服的课堂。

上述案例中的主题大都涉及安全问题，是深入各工程师所负责领域的细节的话题，其中的参数不容有丝毫差异，其中的思考不容有丝毫遗漏。

2. 外部环境安全

和上述技术性的安全问题相比，环境的安全案例同样值得萃取。这是关乎企业自身整体安全的大问题。通过案例的萃取，可以有效提升每个员工的安全意识，从而保障整个工作环境的安全。比如，我曾经给一个煤矿企业萃取风险管控方法论，给一个银行萃取风险经理手册。

文化道德案例

如果说企业所积累的技术、产品等属于企业的硬实力，那么企业的文化积累、道德标准等便是企业的软实力。企业不仅是一个营收的、赚钱的工具，更是一个群体文明的彰显。良好的企业文化，对整个社会精神文明建设产生积极的推动力量。即使在企业内部这个"小世界"中，文化道德的案例萃取，也可以有效地提升整个群体的文化融合，以及整体的道德水准。

"今天，我以企业为荣；明天，让公司以我为荣！"——这是一种典型的企业文化力量的彰显，可以有效地激励员工的工作激情，使之迸发出更大、更积极的力量，为公司和社会创造价值。

文化道德的案例之所以值得萃取，从积极的方面看，不少人对空喊口号早已失去信任，不再"感冒"；而一个个典型的榜样的出现，则可以很具体地激发人在精神层面的共鸣，从而激发对企业的认同感。这等于将企业的核心文化体现在鲜活的人物身上，更具有说服力，更具有引导性。

企业在打造案例库，按照岗位、人群、条线、主题进行分类，一次萃取一类主题的案例，容易集中突破，逐步打造，最终合成为企业案例库。

按照结果分类

从结果的角度去考量一个案例,无论是成功,还是失败,两者都是值得萃取的,萃取者可以根据需要选取案例。不过在现实中,选择最佳实践的往往更多,选择失败案例进行萃取的相对少一点。

成就案例

成就案例,是在工作事件、工作项目中取得了非凡的成绩,个人和团队收获很大、成长很快,甚至让整个团队经历了一次蜕变式的成长。当然,成就案例是以结果而言的,与案例规模没有关系。有时,小的事件带给人的启发也是深刻的,萃取出的经验也是丰富的。

成就案例有两个萃取维度:事的圆满解决、人的变化成长。

1.事的圆满解决

工作就是发现问题、解决问题,就是对常规工作、重要项目中的各种工作指标的达成、落实。从这个角度去看,一件工作的顺利完成、交付,都可以称之为成功。其中,比较重要的、典型的工作事件,就可以称之为成就案例。

当然,成就案例的界定因人而异,因项目或事件的大小、重要程度等有一定的标准上的差异。比如，一个入职不久的新人，签订了职业生涯中的第一单，这对其个人而言当然是一种成功，甚至是一种成就，但对组织而言，这份业绩可能是微不足道的。

而在一个大项目中，重大技术问题得到了突破，比如在我们所做的培训中，某集团公司为拿下一份标的10亿元的国际订单，组织技术力量进行为期数月的专项攻关，终于突破技术问题，最终中标。这样的成就是全局的、全组织的，是注定要写入公司历史的，这是一种更大的成就案例。

2. 人的变化成长

在成功案例中，随着员工在技术、营销、产品等具体工作层面的突破，投身其中的人员得到了新的成长。团队间协调能力大大提高，技术能力得到提升，对工作流程有了新认识……总之，人员在解决问题、迎接挑战方面的水平得到了提高，心理素质更过硬，成为能打硬仗、敢打硬仗的团队或个人。这样的变化更能体现出案例的意义和价值。

比如，某技术公司团队成员在某年六月，解决了加工中心某数控系统台阶孔指令开发设置，案例开发者在文档中说：这一困难的顺利解决，极大地提高了团队解决问题的信心，鼓舞了士气；并开拓了工作思路，了解了机床部分参数的真正含义；其工作得到了现场编程人员、操作人员的高度认可。

失败案例

工作中不只有成功的甜美，也有失败的苦涩。不少人不敢面对失败，对过往的失败经历常采取逃避态度。这是可以理解，但却非常消极。绚丽的花朵固然令人欣赏，可枯萎的枝叶也值得思考，值得挖掘出一些内在的原因，这才能真正认识到"失败是成功之母"的内在真谛。

演员陈道明在指导年轻人如何演戏时说："我们都演过很多烂戏，不好看的戏，表演不正确的戏，人物解读不正确的戏，我们会伴随着烂戏成长，人这一生既有经验，也有教训。"可见，一个人的成功常常伴随着各种失败和教训，这一过程是难以避免的，是成长中的必然。

同样，在市场中"拼杀"的企业家、创业者更是如此。即使像任正非、史玉柱、马云这样成功的企业家，所经历的失败都是常人难以想象的。任正非曾被骗200万元，史玉柱经历过著名的"巨人"倒掉事件，马云宣传互联网思维早期被人看成骗子……但他们在各种教训中反思，不断前行，终于萃取出成功的花朵。如何看待各种失败，在真正的教训面前如何去做，常常决定个人的未来、企业的未来。

1. 复盘事件，反思教训

复盘是对过往事件进行重演的一种萃取技术，可以在梳理事件来龙去脉的过程中，发现问题，找出导致成败的关键原因。

在企业当中，一次投标为什么失败？一个项目为什么延期？一款产品何以不受欢迎？甚至最近发的几篇微信公众号文章为什么没有阅读量？这些都是值得分析原因、总结教训的。只有找出其中的关键性因素，才能走出失败，朝着成功的道路进发。

2. 萃取案例，封堵失败

上述的复盘是一种专项技术，主要针对一个事件。萃取技术则更多围绕人来展开，通过经验和教训的剖析，挖掘凝结在精英人群身上的方式方法，它的效果常常更大。在某种意义上，失败本身也是一种经验，是一种反向经验，当你从另一个角度去思考的时候，便容易导出成功的公式和法则。

同样的一次失败，不同的人看到不同的东西。有人看到流程中需要优化的地方，有人看到外部偶然因素的介入，有人看到执行者能力上的不足。所以，面对一次失败更需要"集思广益"，进行深度的萃取，从而找出成功的路径。

比如，某公司针对一次战略投资失败的案例，开展了为期三天的深入讨论，目的就在于萃取导致失败的各种原因。三天时间里，参与萃取的人员可自由发言，不管说得对错，绝不会追究其"言论责任"。萃取过程开放、坦荡，绝不是对投资操作失败的执行者的一种"秋后算账"，更不是什么"批斗会"，而是鼓励每个人运用自己的经验，去探究上述战略投资过程的背景、流程、方法、技巧和问题等。这一过程，将自己的经验和认知充分发挥，从而真正萃取出导致这次失败的各种原因。

案例萃取既可针对成就案例，也可选择失败案例。在这样的萃取过程中，千万不要回避失败案例，有时失败案例的意义反而更大。通过萃取过程，找出你曾掉进的每一个坑，至少可以提醒你的同事们注意：这里有坑，请绕行！

按照层级分类

萃取和应用的层级，小到岗位，大到整个集团甚至全行业。这种按照层级进行划分的方式，也是案例库的分类方式，可以按照主题进行分级。一般来说，按照层级进行的案例萃取可以分为岗位级、部门级、公司级、集团级和行业级。

岗位级案例

针对关键岗位进行案例萃取，可以有效地梳理出胜任该岗位所需要的各种知识、能力、态度，掌握其内在的原理和方法论。

在各种层级的案例中，岗位级的案例看似层级较小，但它最具体，对员工的成长有着不可替代的意义和价值。可以直接萃取，直接应用。

岗位级的案例可以覆盖各种岗位，常见的比如店长、客户经理、销售经理、产品经理、技术工程师等。从组织的角度看，关键岗位优先萃取，可以更快地提升公司的整体战斗力。

1. 店长的岗位经验萃取

这种案例主要针对大型连锁机构展开，萃取优秀店长的经验，积累成手册（案例集），进而复制、推广，具有极为实用的价值。原因很简单，一个优秀店长的管理经验，其共性的部分可以直接复制，其个性的部分可以给其他店长深刻的启示，这些经验都可以快速向全国的连锁店进行复制、推广，从而带来最直接的效果。

我曾经给一个连锁的美容公司做店长的经验萃取，罗列出店长的一百多个工作任务，然后寻找携带某个任务的最佳实践的店长，组织了一个三天两晚的现场萃取，现场产出了二十多万字的手册。后续又拿出两天一晚时间进行了完善，之后就在所有店长中进行传承、复制。

2. 客户经理的岗位经验萃取

客户经理与各种各样的客户打交道，其中既有通情达理的，也有十分难缠的，都在考验着客户经理的能力和水平。而向客户推销公司的产品和服务，保持与客户的良好合作关系，又是客户经理义不容辞的工作职责。

为了更好、更高质量地处理客户关系，让公司的品牌和产品深入客户的心里，有必要对优秀客户经理的经验做一系统萃取，形成案例集，从而在公司内传播推广。

针对客户是可以有各种工作场景的，比如"拿什么唤醒我的客户？——非核心客户唤醒促活指南"，是针对非核心客户展开的一次专项工作。针对的客户群体非常大，而客户经理经过调查研究发现：从终端网点来说，所谓的"缺客户"并不是缺少客户本身，而是缺少对客户的熟悉，缺少对客户的唤醒方式。所以，通过一次集中的经验萃取，可以将优秀客户经理的经验集中梳理，找到唤醒大量非核心客户的系统方法，形成特定的话术集，效果很显著。

其他关键岗位的案例不再赘述。通过上述两个具体的岗位案例，可以了解到岗位经验的萃取，不论是系统的梳理，还是专项的萃取，其效果都是显著的。

部门级案例

一个部门常常有多个岗位存在，各岗位人员的经验融合，确保了各项工作的顺利展开。这之中，既有处在中心的重要岗位，也有起支持作用的辅助岗位。从部门的角度来看，通用经验的萃取、关联和协作经验的萃取，都是值得的，都能有效提高整个部门的战斗力。

部门级案例包括了所在部门的各岗位案例，但并不是各员工岗位经验的简单叠加就构成了全部，而需要在部门的高度上，涵盖沟通、协调等整体团队能力在内的经验萃取。其案例常常围绕整个部门的团队作战、各司其职，所具有的通用能力和高度关联能力的组合中。

可萃取的案例有部门共同承担的项目案例，或者承担的公司大项目中的一部分的案例。比如，公司技术部在担负技术支持的同时，也承担了公司某项目中的产品技术研发，那么该研发项目实际上是整个组织项目的一部分，是可以独立作为部门案例展开萃取的。

部门对外交流、沟通过程中的典型事例，也可以开发成案例，以指导部门内成员的统一行动。同时，部门管理经验更是典型的部门级案例，具有针对特定部门管理的个性化要求，如人力资源针对内部展开的管理经验，其整个案例便构成部门级案例的关键一环。

公司级案例

公司是由各个部门构成的一个综合体，可以视为扩大了的部门。所以，理解了部门级案例的要求，便不难理解公司级案例的主要构成。

1. 公司管理方面的案例

一家公司得以存续发展，不能脱离科学有效的管理措施。尤其有一定发展历史的公司，梳理在公司发展过程中的典型个案，对萃取其共性的管理经验，有重大的意义。尤其是结合时代变化、业务调整、服务升级、人员考核等进行的全公司级别的案例开发，是企业知识系统的关键构成。

2. 公司大项目经验萃取

每家公司都有自己的大项目，横向比较同类公司，其项目的规模不同；但在公司内纵向去看，每一个较大规模的项目，都集聚着大量丰富的项目经验，对未来进行更高规模的项目开展，有着极其实用的指导价值，所以大项目作为个案进行经验萃取是非常必要的。

3. 公司品牌、文化等经验萃取

公司的存在，是以一个文化系统为基础而存在和繁荣的，世界上没有一家公司不重视自己的企业文化建设。所以，对公司品牌、文化建设等进行案例开发，是顺理成章的事情。

集团级案例

随着公司的发展壮大，不少公司走向集团化运营阶段。那么，是否集团级企业随着人员壮大、业务规模壮大、实力增强的，可以忽略案例的开发和经验的萃取呢？当然不是。

随着集团化运营的展开，公司内的业务线更为复杂、人员素质更容易显出参差不齐的状态。这时，针对性地开展案例开发，统一在业务拓展、文化认同、技术积累、平台搭建、项目管理等方面的案例，构建强大的知识管理平台，让全体人员从中受益，提升自我，就显得更加重要。所以，实际上各国的大型企业，都无比重视经验的累积、萃取和案例的开发工作，甚至这项工作已成为其企业大学必须履行的使命之一。

1. 集团管理级案例开发

集团管理着数千甚至数万名人员，必须有一整套行之有效的管理制度。但管理制度是规定出来的，是否被真正执行，在多大程度上有效，需要结合实际去看。而集团管理的落实，势必要落在各分公司、各部门等主要负责人肩上，除了上述制度外，必须充分萃取行之有效的案例出来，供各个层级的领导者进行复制和创造性运用。

在这个过程中，绝不是简单地、机械地复制，而是要将案例中的工作方法论加以萃取，以指导各项工作。

2. 集团大项目、业务线等案例开发

集团大项目等业务线，会源源不断地为集团输入"营养"——公司存续发展的资金。为了更好地展开项目工作，让各条业务线有条不紊地工作，需

要针对优秀的项目等进行案例开发，这无疑是在推广标杆，促进业务健康发展。

3. 集团品牌、文化、平台建设等案例开发

集团公司的文化、品牌具有凝聚人心的无形效应，时间久了，员工常将"××人"挂在嘴边，如"华为人""阿里人"。其实，这是对集团文化高度认同的表现，然而到底怎样做好"××人"呢？"××人"中有着怎样特殊的价值取向、行为取向？

这就需要集团公司以"文化入心"进行思想建设、人文建设，但一味地说教是没用的！最有效的方式之一便是树立榜样，毕竟榜样的力量是无穷的。一个标杆式的人物，可以承载企业文化中的特定基因，从而起到快速传播、内化的效果。

行业级案例

公司是一个社会化的存在，不管你乐意与否，都不能摆脱行业而存在。当然，几乎所有的企业都追求在行业中的地位，力争成为行业的标杆和典范。

但行业标杆和典范绝不是自我宣传就可以，而是要先干出来，真正做到，再说出来，才能被全行业所认可、所尊敬。每一年都会各种各样的行业峰会，除了进行高端探讨、前沿交流之外，其实这也展现公司在全行业的地位。某公司一旦成为行业标杆，便具有了举足轻重的意义和价值，可以在市场化进程中树立行业标准。

所以，在日常工作中就要注意行业案例的搜集，并在公司内开展行业案例的萃取工作，不仅会做，更要会说，才能更快、更好地被全行业所认可。

行业案例的范畴其实很广泛，可以体现为行业技术、产品、服务、管理

等各个方面，在用业绩和实力说话的同时，也要注意行业理论建设。从典型案例中萃取出有价值的行业文章、行业课程等，在互联网以及传统的杂志、报纸上发表，是可以让你的企业更早触及行业标准、行业典范的。

而在上述努力中，案例无疑是最好的一种传播载体，它会带着公司的文化基因、思想方法，引起同业者的关注和研究。

企业可以根据需要，萃取关键岗位的岗位级案例，之后逐步根据需求开展部门级、公司级的案例萃取，某一主题成熟度极高时开展集团级的案例萃取，如果需要对外推广，就可以开发为行业级案例。要注意的是，一次案例萃取，最好基于一个层级进行萃取，否则因为颗粒度大小不同、结构复杂程度不同、字数篇幅不同，很容易导致萃取失败。

按照质量分类

萃取技术是一门"催产技术",萃取师是以"过程专家"的角色介入企业的经验萃取工作的。萃取师的能力可以在很大程度上决定一次萃取的案例质量,但从更深层次看,经验携带者对萃取技术的掌握程度、自身对案例的理解和剖析程度等,将在很大程度上决定案例的质量。从成果质量的角度看,案例可以分成普通案例和精品案例两种。

普通案例

普通案例是在萃取课堂上,严格按照萃取师的引导,从案例的主题、思路、方法、流程、要点、重点、难点、技巧等结构展开叙述的案例内容,属于达标案例,并非不及格案例。

但普通案例之所以普通与下列的要素可能有一定的关系。

1. 主题比较常规

即便符合案例主题的选择条件,但可能因其属于常规的案例主题,所以难以在方法论上有较大的突破。

比如"项目开发五步法",这是一名学员确定的案例主题。虽然后面交代了特定的使用场景,但该主题略显宽泛,案例中没能体现出特定项目开发的普适性,且总体字数少,行为量化不透彻等,导致其成为普通案例。

2. 案例描述偏弱

案例是对事件的整体叙述,一般包括了案例的背景、经过、结果、思路、方法、做法、技巧、注意等维度。案例的描述能力跟萃取者个人的表述能力、捕捉案例本身的信息等有关,整体叙述一旦偏弱,不容易吸引读者阅读,对萃取结果也有一定的影响。

比如在"项目开发五步法"案例中,对案例背景的描述,仅仅以抽象的短句来体现,没有更进一步的细致表达,用了诸如项目开发紧急、任务难度大,质量要求高等,未能就其要点做进一步的细致解读,且其表述带有一般性,未能体现出个案的特殊背景。

3. 方法和流程比较常规

方法和流程可以解决工作中的某些问题,但没能形成突破,无法提供更为宝贵的"牛招",导致案例的效果比较普通。

比如在上述的"项目开发五步法"在萃取的流程中,其表达主要是围绕共性的思路展开的:搜集信息、组建团队、拆解目标、制定方案、调试生产。

这样的步骤化其实是大而化之的,必须给出足够的界定、更丰富的信息,才能让其步骤更具操作性。

4. 使用场景单一,借鉴价值不高

案例都有特定的使用场景,部分案例的使用场景较为多元。但如果案例

的使用场景过于单一，可借鉴的价值就不高，则容易流入普通案例的行列。

在案例开发的表格当中，有一项叫作"适用场景"的内容，需要学员填写"直接使用""改造使用"和"参考使用"，这项内容的填写是简单的，但综合考量学员的主题和案例结果，可以发现其使用场景是否过于单一，能否给其他场景的使用提供参考和借鉴。

5. 案例剖析不深

案例剖析不深就难以上升到一般性的指导方法，且实用策略偏弱。对案例的剖析是案例萃取的重点，旨在将个案中的共性经验和个性技巧挖掘出来，但如果萃取者对案例的剖析能力一般，则所开发的案例价值就不能很好地体现出来。

比如在一次案例萃取培训"如何营销自己的产品"，其中萃取者营销方法的重点在于将产品信息投入到微信群中。其实，这样的做法在今天不仅效果不显著，而且可能会引起群友的反感。不是不能经营微信群，而是必须将其视为联络手段，将其带入特定的营销方案，引入到实体网点参与活动等，而不应将产品信息在微信群中一扔了之。

以上列举的是普通案例的常见特征，如果所开发的案例不符合撰写结构、案例描述不具有完整性，萃取的思路不清、方法不详、流程步骤有明显缺失、行为量化不够等，则属于不及格案例。

精品案例

和普通案例相比，精品案例常常令人眼前一亮，对读者有很好的启发和借鉴作用，但这并不是精品案例的唯一指标。精品案例不管从什么角度去看，都能给人以难以挑剔的感觉，能见到萃取者用心之深刻、经验之丰富。

精品案例的衡量指标如下：

1.案例格式达标，不会出现自创格式

案例格式是萃取时的标准化输出样式，便于大量学员（一般十几名到几十名）进行一种统一化的操作，从而便于沟通、比较，也便于萃取师和受众查看学习。

反观精品案例萃取者的整体思路，对案例格式有一个清晰的认识，能从结构的角度查看案例格式，并将自己的案例顺利植入到标准化格式之中，不会出现自创的序号、加粗、字体等格式。

2.案例字数超标，详细具体解释经验

案例的字数并没有一个绝对的标准，但在一般情况下，案例篇幅在萃取之前就已经做了实际的约定。如微案例在2000字以内，小案例3000～5000字等。这些篇幅和字数的关系，是结合案例开发的实战而得出的经验性认识，也是案例萃取展开时需要的幅度。不达到相应的字数，则难以真正萃取出具有复用性的工作方法论。

精品案例作者，常常突破上述的案例字数，对案例内容进行更加丰富、细致的剖析，能展示出对个案的多角度理解。

3.主题大小恰当，颗粒度与经验篇幅匹配

主题的选择，在萃取案例之前最早敲定，一个经验丰富的开发者，对案例承载的信息和主题常常有准确的把握，既不会选择"大主题而经验不充分"，也不会刻意选择"口径过小的小主题"，其大小的敲定是在萃取师对主题的

整体要求下完成的，常常能很好地诠释自己的经验。

4. 案例结构合理，篇幅详略得当

对案例中的事件所进行的描述，在结构上遵循了"背景、冲突、行为、结果"的要求，且能对其中的关键信息进行处理，有详略的写作意识，有整体篇幅的控制意识，一般将其篇幅控制在整个案例开发的20%左右。

对案例中的思路、方法、流程和要点、重点、难点有清晰的细致入微的解读。其中，步骤具有可操作性、可复制性、可借鉴性；有一定的细节描述，便于读者通过文字再现，轻松模仿和学习；有一定的信息增量和知识延伸，即通过叙述其步骤化的操作，可以让读者头脑中出现新知，而不是俗套，更不是老生常谈。这样的案例叙述、方法萃取才是更为优质的标杆性案例。

5. 承载经验普适，能上升到方法论

学习者通过阅读精品案例，不仅可以轻松完成各项步骤，用于实操；更能深受其案例的启发，将其中的思想法方法充分吸收、转化、内化，进而指导自我的工作。这就要求精品案例中的思路和方法，不能局限在案例本身，必须上升到一般性的，具有更高普适性的工作方法论。

（1）思路的表述

思路的表述能遵守萃取师给予的方法指导，进而萃取出独特的理论性、战略性、重要性等维度的思路，以启发受众学员可以举一反三。

（2）方法的普适

方法的总结具有独特性，具备可快速传播的特点，对思路本身的解释是通俗易懂的。比如，在做厅堂沙龙保险营销时，要秉承"精准邀约"的工作法则，先明确目标用户重点了解客户的年龄、性别、职业、收入来源、文化背景、

家庭关系等，再通过沙龙现场氛围渲染，挖掘客户痛点，从客户的需求出发，通过资产配置理念的疏导，用保险工具为其风险缺口提供保障建议。

其中，"精准邀约"的工作法则，是给人印象深刻的，"两层含义"中"邀约"紧扣了案例的主题"厅堂保险沙龙的邀约技巧"，而"精准"作为限定词，则给了"邀约"以一种界定，能像学习者传递出这种界定的意义和价值。

在上述的案例中，萃取者经验的第一步是"明确目标用户"，在对该流程进行要点解释时，萃取者用了 1800 余字，将其细分成"定位客群多用心、分析画像必须细心、识别共性要精心"等层次，并逐一给出了细致的方法。这些方法不仅构成了"沙龙邀约"的关键一步，更可以成为学习者定位客户、为用户画像的一般性方法，故而具有工作方法论的意义和价值，属于典型的标杆性案例剖析。

提升精品案例三板斧

上面给出了普通案例和精品案例的差异，那么如何减少普通案例，提升精品案例的比例，让每家企业在一次性的案例开发中，萃取出更多的精品案例呢？

1. 参与案例开发的主题适当，不要过多

这是一个常识性的概率问题。一般来说，一次性萃取的主题中，可以产出四五个精品案例，其他则主要是普通案例。当然，这是从较高的标准出发得出的结果。所以，在案例萃取的过程中，不要一次性安排几十人参与，其效果常常随着人数的增多则下降，除非同比增加辅导的萃取师。

2.精品案例必须打通主题、事件和剖析，环环相扣

萃取技术是沿着环环相扣的环节展开，依次输出案例内容的。在课堂听讲和作业的学员，必须沿着萃取师的思路，环环相扣地解决问题，中间一旦有断裂，则容易跟不上，造成萃取的效果不理想。所以，安排内容输出的培训时，必须首先解决培训与工作的冲突问题，最好是脱产进行学习，同时业务领导在开班时提出明确的成果产出要求，才能保证最终的案例开发质量。

3.充分的时间安排，可以提升案例质量

案例萃取的过程，不仅需要学员输出自我的经验，更建立在学习萃取技术的前提下，所以在时间上是比较紧张的，学习过程也比较辛苦。我们在课堂上常说：过程辛苦，但结果舒服。所以，要想萃取精品案例，必须有时间上的保障。一般而言，三天的时间可以打造出十个精品案例。这对企业的知识体系来说，是一个非常大的收获。

企业不能把案例萃取当作一种"福利"，希望趁着一次培训的机会让更多人参与其中，这个过程必须要全力以赴才行，这样才能由自我经过辛苦的奋斗，创造出高质量内容的"精品"，进而体现自身的价值。否则，参与人很多，可往往产出的大多也只是普通案例。

Chapter 3 第三章

案例的来源

好的案例从哪里来？这个问题不难回答，一方面来自企业内部，从优秀精英的丰富经验中转化而来；另一方面则来自企业外部，比如来自同类公司的典型案例，通过借鉴、改造等实现为我所用。企业内部是公司案例的第一来源，通过萃取实现转化。这一内容所体现的是公司内优秀管理者、业务精英等人的最佳实践。

第三章
案例的来源

内部来源

企业内部是案例的第一来源。就其具体的来源而言，当然都与实际工作高度相关，其中成功的案例可以建立工作标准，难题攻关的案例可以改进工作，错误和失败的经历可以给予工作警示。

成功纪录工作

工作对人来说，不仅是养家糊口的一种工具，更是施展才华、体现价值的一种方式。在工作中，最能给予一个人、一个团队自信和成就感的，莫过于在工作中创造的成功经历，某种创造纪录、打破纪录的工作经历，这些可以让人终生难忘。而从经验萃取的角度看，这样的经历无疑是最佳实践，是值得萃取案例的首选。

工作就是解决问题，解决问题就是工作。在各种突破性地解决问题时，其中所蕴含的绝妙思路、某种创意，最能让一个人、一个团队得到工作的快感。

1. 破纪录的工作成就

破纪录的工作未必人人有，但所在的公司是完全可能出现的，员工跟着团队一起参与，可以体验到破纪录的美好滋味。

以每年的"双十一"战绩来说，当这一天来临时，全国的几家著名电商如淘宝商城（天猫）、京东、拼多多等都开启了"战役指挥"，集中公司内的系统进行作战。以 2019 年的数据看，淘宝旗下平台当天总交易额达到了 2684 亿元，京东的交易额超过 2044 亿元。我们可以在网上看到上述公司在战役当天，不少人忙碌的身影，以及创纪录时的笑脸。

上面的破纪录是显而易见的，参与其中的人都会经历一次生命中的激动，会以电商的繁荣而骄傲。这些纪录当然不是一个人或几个人付出的结果，是集团公司的商业行为。但参与其中若干环节的人员，可以将自己的工作（整体工作的一部分）进行案例开发，进而萃取经验，查找不足。

2. 工作中的成功业绩

即使没有亲身经历过破纪录的工作，也还有工作中的成功案例、业绩提升等，这些是相对常见的。这种成功可以是既定计划的完美实现；可以是人家普遍做不好的事情，而你却给予了极佳的解决方案；又或者是在工作中的某个环节有一定的创新、创意，从而提高了工作效率等，都可算是成功的案例。

另外，销售业绩中的突出表现，或者征服一个难缠的客户等，都可算是成功的典范。有时，这种成功不是系统全面的大事件，但即使只是一个小环节的改善、突破，便足以记录在自己的工作生涯中，且值得萃取出特定的案例来。

比如，银行的理财经理对一个大客户的服务，成功将其从竞争对手中"争夺"过来，这其中的心得体会、方式方法便足以支撑一个典型案例的开发。在某银行中就发生了上述的经历，萃取者是一个负责任的客户经理，他以"私行——大黑金客户提升"为主题进行了案例萃取，不仅细致叙述了整件事的来龙去脉，更将其经验做了步骤化的梳理，其中涉及的关键步骤如下。

（1）分析客户类型：将其分成豪爽型、谨慎型、挑剔型、利益型等多种类型，并对多种类型进行了细致分析，提出应对策略。

（2）收集客户信息：包括对客户家庭信息、财富信息等进行收集和整理，以打破业务进展中的信息不平等问题，可以更好地对接客户。

（3）分析风险喜好：通过问卷调查和了解客户历史产品配置等，去分析客户的风险和喜好，真正做到知己知彼，才能百战百胜。

（4）导入公司产品：根据客户画像，做有针对性的产品推广，并演练销售话术等，从而更好地赢得客户的信任，最终达成购买的目标。

在上述简略的过程中，我们能看到一个成功的客户经理，绝不是单凭一张"三寸不烂之舌"就能攻克客户心理的，而是做了大量的技术性功课，这样面对的即使是千差万别的客户，因为心中有了稳操胜券的信心和对策，所以可以更好地取得销售业绩。这便是萃取案例、经验梳理的好处。

3.工作方法的改进，精神思想的蜕变

每个人都会经历一段成长的过程，只是有些人成长快一些，有些人成长慢一些。而促使一个人在职场加速成长的，便是工作方法的改进。在实际工作中目睹其他人效率的提升，进而促进个人思想观念的蜕变。从"小白"到老练，常常有某个事件的推动，促使这种蜕变的发生；从老练到精英，更有重要事件成为人生的转折。

每当一个转折来临时，势必有非常值得萃取的案例发生。人恰恰是在客观变化的事实面前，逐渐改变了固有的心理认知，从而走向成熟，变得聪明。

问题改进工作

上面说过，工作就是解决问题，解决问题便是工作。在单位里，谁解决问题的本领大，谁对公司的贡献就更大，就更能赢得别人的尊敬，更有资格成为领导者。而在这个过程中，问题的解决、流程的优化常常是工作中的常态，我们很难看到一个系统全然被另一个系统所直接替代，这种颠覆性的改变是不常有的，而一步步改进才是常态。

以公司里的 APP 迭代来说，就是最为典型的"问题改进型工作"，每次迭代的版本，都是在上一个版本的基础上进行完善的。可能完善一个功能，或消除一个 bug，或优化一个步骤，或解决一次闪退等，都能让你的用户感受到一种细微的变化。这种细微的改进工作，对细小问题的解决，都可以成为典型的案例。

不要小看如上面 APP 迭代的案例，再流行的、伟大的应用，也曾有过丑陋的外表，也需要不断地更新、迭代，需要随着时代和用户一起进化。即使是当下国民级的应用，如微信、抖音等 APP，也需要经历上述过程，不断改进，不断优化。而这样的过程，足以写出一个个典型的案例，以指导他人。

失败过的工作

有些东西、有些感受，不是成功可以带给你的，比如特别心酸的生命体验，特别孤寂的自我反思，这些常常是在失败的冲击中才会出现的，进而让一个人去探索更深刻的东西。喜读文学作品的人都知道，世上大多数伟大的文学作品，常常以悲剧结尾，给人以警醒和鞭策。

当你的工作陷入一个不顺利的时期，各种问题层出不穷时，在承受失败滋味的同时,不要忘记萃取其中的案例,悉心梳理其中的规律,不仅可能看到工作流程上的漏洞,也可能发现整个团队甚至公司在某些方面的缺点。

萃取失败的案例,并不是要找出造成失败的若干做法,而是要导出可以走向成功的策略和方法,让自己变得更聪明。

案例萃取的主题,主要来源于内部,以实际的工作任务、工作问题为起点,萃取过往最佳实践,萃取出不同的经验类型,以案例的方式作为载体,在内部进行广泛的复制和传播。让成功事件得以明确哪里可以复制,让失败事件得以知晓哪里可以做得更好。

外部来源

除了各种内部的案例开发，我们也可以考虑参考其他公司的经典案例，进而去借鉴、改造，从而打开外部的视野，避免案例开发的内卷化现象——长期停留和满足于自我的经验，从而驻足不前，无法实现更高的提升和进化。

同行业借用

对标同行，向同行取经，似乎是一个不用教便知道的竞争常识。何况在今天，各种商业信息战早已如火如荼。但这里并非蛊惑大家去抄袭同行，而是向更优秀的同行业者学习。学习其精粹案例，改造其典型案例，从而抽取其内在的使用方法、策略等，真正实现为我所用。

1. 服务类的案例萃取

高品质的服务最容易被消费者所欣赏，并形成自发的传播，这对企业是一件不能不重视的事情。如何做好各种服务，赢得消费者的信赖，是企业管理者必须思考的重大问题之一。这时，外部案例的借鉴便显出它独特的意义来。如何做才能达成借鉴的目标呢？

方法其实很简单：搜集案例信息，进行局部改造，在公司内推广、实验。

某公司得知同类知名品牌公司，在对消费者的产品进行维护服务时，借机推广公司的小件新品（单价在100元以内），效果很好。便组织人员进行调查，对其整个服务和推广产品的流程进行了一番梳理，得出了步骤化的要点，形成了一份典型的推广案例。

然后在公司内部服务人员中进行实验，并将小件新品的利润进行了捆绑，让每一个服务人员可以从中受益（改进方案），从而快速实现了本公司新品对消费者的快速触达。经过两三个月的完善，这个案例已经变成一个成熟而实用的案例。

2. 管理类的经验萃取

管理经验中的思想与方法，常常具有通用的普适价值。走在时代前列的先进管理团队，经常有着稳健而有新意的手段，直接照搬可能会出现水土不服的现象，毕竟"套路是大家的，而内容才是自己的"，所以可以将其有效的管理方法萃取出来，成为管理哲学的一种，进行适当的改造，从而使之"本土化"（本公司化），则不失为一种好思路。

3. 研发类的经验萃取

产品研发、技术研发等领域的经验，也常常具有通用的规律在其中，研究市场同类的产品，发掘其创意的思路，进行案例开发；或者对其中的技术进行猜想、探索，都该成为相关人员工作的一项内容。

以手机行业为例，每隔一段时间，国内几家大的手机制造商便会召开新品发布会，新品手机总是融合了产品研发、技术力量和创意设计在其中，即使是普通的消费者也会为自己心仪的厂商站台，去罗列各项参数，手机制造商中的研发人员、技术人员、设计人员，更需要对友商的各种新品做到"门清"才行。

对引爆市场的某款手机，能进行一场多人员、多部门的案例经验萃取，从而梳理其得以引爆流行的关键要点，对指导自身的工作是极具价值的。

跨行业改造

和关注同行业者典型案例的同时，一定不要忘记拓宽领域和视角，进行一番跨行业的观察，从而去借鉴、改造某些经典好思路。

史玉柱可以说是跨行业策划、运营的典范，最早的巨人集团失败之后，他跨入保健品行业，策划并研发出连续成功多年的"脑白金"，至今仍会在春节期间"霸占"荧屏；而后，史玉柱再度跨入到游戏行业，以《征途》打破了原有游戏行业的付费模式，把"没钱买装备的年轻人"和"有钱买装备的少数人"融合到了一块，两类人群都喜欢各自的方式。史玉柱的成功本身，已经说明了跨行业思考的意义和价值，如今的他早已是著名投资人。

对企业而言，去探究本行业之外的一些著名的成功和失败的案例，是完全必要的。可以借鉴和改造其中的思路，将其迁移到自家公司中，发挥其他行业中典型案例的"余热"。要知道，不少行业的颠覆都不是出自本行业，而是来自一些跨界的选择，这也说明外行业的思路值得重视。

生活类改用

生活中的场景多种多样，生活中的案例通俗易懂，将其思路引入到我们的工作中来，常常可以发挥料想不到的奇效。

比如在公路上常见的一句口号：一看二慢三通过。就是一个很好的口号案例，它的好处在于步骤化、简单、易传播，且科学。反映在我们的工作中，是可以借鉴这种简洁的思路，要求员工在工作中能将自身的工作流程化，将汇报的内容步骤化、简单化等，这对提高日常工作效率是很有意义的。

寓言类改造

寓言故事看似简单，但在其背后常常有着很深的寓意，且可以多角度解读。在案例开发过程中，改造寓言故事以启发员工，完全是可行的，并且常常更能激发大家的兴趣。

这里以"龟兔赛跑"的故事进行改编，将其中的情节做一些改变，从而给员工以深刻的启示。故事大意是：

乌龟在战胜兔子获得胜利之后，成为全村动物的荣耀，也成了一个"网红"。在这只乌龟的身后涌现出大量粉丝，其中有一只认真的小龟，它也很想在两年后的动物长跑大会中胜出，体现自己的价值。于是，它开始了长达两年的自我训练。两年后，当长跑大赛结束时，它还没有达到终点。

失败的小龟很沮丧，一步步挪着往家走。

忽然，它发现一只老龟背着自己生病的孩子，焦急地朝着医院的方向爬。这时，小龟忽然涌起了一股救人的力量，二话不说背起老龟的儿子就朝医院猛跑。由于救治及时，老龟的儿子好转了。

从此以后，小龟有了新的职业，在村里送快递。它充分发挥出两年来自我训练的速度优势，发挥着自己的价值。

这个故事很有意思，在日常的教学案例中可以运用，从而为员工对自我定位、人生价值、工作选择等方面提供一定的思考和借鉴。

外部案例是值得萃取和开发的，因为可以为我们注入更多、更新鲜的思路，从而可以有效避免企业内卷化的现象，让我们可以随着时代的智慧和我们的用户一起成长。

Chapter 4 | 第四章

案例的选题

案例萃取的第一步，便是确定一个选题。并不是每一个案例都值得萃取，必须精确找到具有一定普适性的案例。对一次萃取培训来说，找到同一个颗粒度的主题案例非常关键。

主题的选择

案例主题的选择有五个基本原则需要遵守，这便是典型性、高频性、重要性、易错性和紧急性。

典型性

典型性，是指在工作中该案例的主题不是寻常普通的，而是工作中具有突出代表性的主题。

比如，对一个银行客户经理来说，跟知识量丰富、年轻的客户打交道相对容易，一般只要说清业务的内容，年轻人常常可以依据自己的需求选择是否办理业务；而跟年纪比较大的老龄群体打交道，相对来说就不那么容易了。所以，同样的一种业务模式，针对老龄群体就更需要梳理出系统的工作经验，因为与老年客户打交道显得更为典型，更值得萃取其中的工作经验。

但典型性是随着条件而发生变化的。如果上述的客户经理，在经营客户的过程中，有某一款产品是专门针对年轻人的，且市场需求较大，那么这时的工作经验也是典型的，值得萃取。

也即是说，综合各种条件进行查看，通过对比、分析的方法，排除日常的、寻常的工作内容，便可以梳理出更为突出、更具有代表性的案例主题。

高频性

高频性，是指在一定周期内反复出现、反复发生的工作，而不是偶尔才出现一次的特殊状况。一般来说，一个人在一个岗位上工作半年后，便会不断地重复各项工作内容，任何人对自己的工作内容不可能长年处在陌生、新奇的状态之中。那么，通过查看自己的工作内容，是可以比较出哪些工作是高频出现的。

比如，对一个设计师来说，PS 的快捷键是高频发挥作用的，只要你参与设计工作就会使用到——当然快捷键的使用并不必萃取，因为这是在实操中逐渐熟悉的固定方法，但这个例子对我们理解高频有意义。工作中，针对某些客户的设计思路就是高频发生的，常常依据公司服务的设计对象而积淀下来，比如长年为社科类图书设计封面，便需要对社科类书籍封面的设计思路有一整体梳理，而不是去梳理工程类的书籍设计思路。

重要性

重要性，是指主体之间相比哪个更重要，可以由对结果的影响程度大小来判定。如果你把自己的工作分成若干板块，尝试着进行重要程度的删减，逐一删除次要的，最后得到的便是你最重要的工作，可能有 1~3 项，未必只有一项。

对一个产品经理来说，使用某些工具进行原型图的绘制，当然是重要的。但使用甲工具进行绘制，还是使用乙工具进行绘制，则是次要的。相比之下，使用何种工具绘制原型图本身都是次要的，重要的是如何根据客户需要、围绕市场变化，进行产品思路的设计。一旦有了创新思路，绘制原型图本身是可以水到渠成的。

同时，在工作中对工作绩效影响比较大的部分，是更加重要的工作。比如一个销售经理，负责在京东、天猫等平台的产品销售工作，那么如何与上述平台的工作人员打交道，如何快速上架公司的产品，如何做好产品详情页等，都是非常重要的工作。而平台与公司之间的利润分成等动态信息，固然影响到公司的总收益，但如果是自己无法改变的工作，则相对次要。确保公司产品有更好的市场销量，才是一个根本性的工作。

易错性

在工作的各个环节之中，某些工作任务是比较容易犯错的，尤其对新手和经验不够丰富的人来说，稍不留神就可能留下错误的工作，都属于易错性的工作。

对一些需要发挥创意的工作来说，往往谈不上对错的问题，更多的时候，易错性主要集中在操作性要求高、涉及人数较多的情况。比如，在公司进行财务报销时，或银行中填写各种单据时，最容易出现各种填写错误，导致重复性工作。

以前者来说，员工在报销时填写的单位名称、税号，以及对金额大小写问题、报销理由、发票种类等时常搞不清，一旦填写错误，就需要重新填写，浪费纸张不说，更浪费大家的时间。这时，针对易错的工作进行一个经验梳理，将填写好的表单给员工参照等，都是值得萃取的好案例。

紧急性

工作有重要和次要之分，更有紧急和非紧急的差别。在时间管理学中，重要而又紧急的工作当然处在第一位，需要员工第一时间去完成，再去处理次要而不紧急的工作。

对经验萃取来说，这里的紧急性中，常常包含着"陌生"的因素在其中，因而需要为参与其中而不熟悉具体流程的人员进行工作指导。如果是大家异常熟悉的工作，一时间忽然紧急起来，只要按照时间管理法则去处理就行了。但如果是多人、多部门参与其中的大项目，且时间比较紧迫的工作类型，就必须考虑进行经验萃取，开发出典型的案例来指导工作。

比如，2020年武汉市决定短时间内建设"雷神山""火神山"两座医院，参与建设的建筑公司如果没有成熟的应急预案，接到类似的任务便会陷入慌乱的状态之中，很难在规定的时间内完成工作任务。

再比如，医院急诊部门必须有一整套，且不断完善的急诊接诊、处理问题的应急措施，这些经验化的东西，都必须在日常工作中，及时萃取、输出案例、形成可操作的流程，才能在事情紧急出现时充分应对。

以上五个原则，是我们做案例开发具体工作之前的选题必须遵循的原则。当然，并不是每一个原则都满足才可以，能够满足其中一两个，有时甚至只是一个，便具有了案例开发的必要性，再结合自身的工作情况做比较，是不难得出最恰当的案例开发选题的。

第四章
案例的选题

主题的价值

公司投入时间、人力等成本进行案例的开发，以及案例库的建设，其目的是搭建公司的知识系统，便于大家日常检索、学习，提升自己的工作效率，借鉴和内化工作经验。萃取主题在传承和应用时有五个不同层面的价值，分别是提高工作效率、改善工作关系、加强团队管理、提升工作质量、促进工作绩效。

提高工作效率

同样的一份工作，不同的人去做，即使其结果是相似的、相同的，两人之间也可能存在效率上的差异。比如，同样劈一堆木头，一个熟练的人可以在两个小时内完成，而一个半熟练的人却需要一上午，甚至一天。这个现象的原因是什么？

答案是工作效率的高下问题。探究其根本，则跟工作的经验程度高低相关联。对经验丰富的人来说，其工作效率势必更高，因为在工作过程中，他懂得如何巧妙地运力、找准角度、快速完成；而另一个经验缺乏的人，运用的主要是蛮力。

优秀的经验可以提高人们的工作效率，这是没有什么异议的，是一个基本的常识。好的主题经验，是向学习者进行经验的传递，帮助其在特定的场景中，更好、更快地完成一份工作，同时也能强化自己的技能，发现更高效的工作方法。

改善工作关系

工作中最常见的两个维度，一是对人，二是对事。虽然这两者常常难以分开，难以分清，但两者的指向性是明晰的。

单纯做事，而从不与人交互的工作是罕见的，即使是以写代码完成工作的技术人员，也需要和产品经理沟通，需要和上级沟通，需要和伙伴沟通，才能更好地实现指定的需求，高质量地完成工作。

更多的工作必须和人打交道，比如与客户打交道，和用户互动沟通，向上级汇报，向下级部署，向平级咨询。所以，好的经验对改善工作关系很有帮助。能够改善工作关系的案例，包括但不限于以下几种：

1. 管理类的案例

通过解读管理的本质，打通管理者在管人、管事等方面的能力，复制有效的管理经验。这样可以改善工作关系进而改进管理质量的。

2. 服务类的案例

电话客服的统一话术，以及在理解业务基础上的灵活应对；跟踪大客户的客户经理，与供应商打交道的渠道经理等，掌握整套的案例经验，是可以快速改善其工作关系的。

3.营销类的案例

营销的对象主要是人，是我们的用户。好的案例可以启发营销人员创造性地完成工作，跟用户打成一片，受到用户的信赖。

加强团队管理

团队的管理者，必须具有丰富的管理经验才能真正服人，一旦出现"能不配位"的情况，其结果对管理者个人是尴尬的，对组织来说可能是灾难性的。

今天的管理者，要想充分施展管理经验，也必须广泛学习，向各种经典案例学习，并努力打磨属于自己和团队的管理案例。

在成熟的团队中，员工管理始终需要总结，需要典型案例的出现，需要标杆型员工的树立，从而更好地运转这个团队。

在创业型的团队中，度过最初的不稳定，经过良好的管理经验的复制、转化，可以慢慢形成一套适合自己打法的、行之有效的管理哲学，使队伍逐渐走向成熟。

提升工作质量

一个人可能很快完成工作，但质量却不高。以生产性企业来说，只有生产和加工的产品、零件等又快又好时，才能说是很好地完成了工作；以服务型企业来说，道理也是一样的。面对客户投诉的问题，一名客服可能很快处理完了，但其结果未必令用户满意；真正能又快又好地解决客户的投诉问题，才是真正高质量地完成工作的表现。

经验主题可以更好地提升工作的质量，让用户对你工作的满意度更高。

这是如何做到的？

经验萃取所指向的是工作中的最佳实践——最佳的工作方法、最佳的工作流程、最佳的沟通策略等，其中凝结着经验萃取者多年积淀的成果，以及思想和方法（牛招）等。通过学习、转化、内化，不仅可以在特定的场景中直接使用，也可以在其他场景中借鉴、参考，从而真正地学会工作。不少人长年工作效果不理想，常常是因为没有学会工作，而学习他人的主题工作经验，能最直接地体会到经验的妙处，从而将经验向自己的工作场景进行迁移，极大地提升自己的工作质量。

促进工作绩效

在以量化的工作指标更加频繁的今天，要想在工作业绩中有突出的表现，决不能只是埋头苦干、故步自封，必须要向有着丰富经验的前辈、同辈，以及业绩优异的晚辈学习，学习他们萃取的主题经验，提报自己的工作绩效。

尤其对大量的销售人员来说，公司内的绩效表格总是清晰地记录着每个人、每个月的表现。各项指标就客观地摆在那里，在平静的纸面背后，其实是跌宕起伏、异常激励的业绩"争夺战"。你不去学习经验、争取业绩，业绩便会记录在别人、别的公司那里。

想想看，刚来公司一个月的大刘就签下了 500 万的订单，得到了老板的赞赏。他的经验是什么？他是如何搞定客户的？

在各种主题案例当中，跟业绩、指标相关的典型案例，是最受大家欢迎的，每个人都想从中学到一份经验、一种智慧，进而去指导自己的工作，提高的自己的绩效，让自己的名字始终出现在业绩表的最高处。

一个主题，不一定会在五个方面都具有价值，一般主要是在一两个方面有突出价值。尤其是在多个主题之间选择纠结时，可以以终为始从主题价值角度做筛选，价值大的优先萃取，价值小的以后萃取。

主题的颗粒度

主题是可以用大小来划分、界定的，这便是主题的颗粒度。大颗粒度的主题包含着更丰富的经验信息，小颗粒度的主题包括的经验信息量相对较少。具体到萃取案例中，一个事件常常对应着微/小案例，一个工作任务常常对应着中等案例，而一个项目则常常对应着大的案例。一个班级的萃取主题颗粒度最好一致，在同样时间里可以保证节奏一致，保证大多人都可以"课完经验存，当堂出成果"。

事件

事件的本质，就是"一件事"。

不少人在案例萃取时，会把"事件"两个字想得复杂，认为一定是某种重大的、影响恶劣的大事件才算事件，其实不是。"事件"本身不包含特别的价值判断，常常是一个客观的工作事务的完成。所有的价值判断，都是我们人为分析的结果。

针对一个事件进行经验萃取，需要对该"事件"的来龙去脉有一个清晰的表述，让事件中的"时间、地点、人物、起因、经过和结果"等要素，清晰地呈现出来，否则不仅萃取者未必能看清事件的全部，未来经验的使用者也难以把握经验的内涵、真实度等。

比如，某萃取者在萃取课堂中所选择的"攻克进口设备工作台国内修复难题"这一主题，就选择了如下的一个事件作为切入口：

2020年1月18日，快速对进口磨齿机NILES ZPI25主轴工作台出现间歇性啸叫故障诊断、分析解决。

上述事件在工作中发生，经过分析和操作得以解决，那么凝结在其中的工作经验到底有什么呢？这样的思路便是借"事件"展开的案例萃取过程。

事件往往未必很大，但经过细致而深入的思考，在萃取技术的支持下，是能够"以小见大"，洞察其事件中所承载的各种经验的。

仍以上面的事件为例。

萃取者经过剖析，写出了长达6000余字的经验，其主体是"进口磨齿机工作台偶发啸叫的故障诊断分析"，包括了调查、排查、验证、准备、总结等流程在内的十几个技术要点，以及流程中的若干项工作重点和难点，对解决该问题进行了非常细致地剖析，形成了典型的案例报告，极具指导性。

任务

任务的本质是一类"事件"。

和工作中出现的"事件"相比，工作任务更普遍，毕竟我们每天都处在某些工作任务当中。工作任务的范围很广，并不是每一项都值得做书面的萃取和案例开发，但以重要的、典型的、紧急的等工作任务为萃取对象，形成中等规模的案例，是切实可行的。

工作任务一方面是基于岗位的，比如设计师做设计、产品经理策划产品；另一方面，又基于年度战略形成新的变化，而临时增加了某些工作。比如，一个市场部的销售人员，在与其打配合的营销人员离职期间，恰逢公司产品上架，他需要准备一些相关的详情页，甚至提出一些具体的营销策略等，都是可以纳入其临时的工作任务的。

当然，更主要的工作任务案例萃取，常常是基于自身岗位的。比如银行的工作人员针对"按揭"业务展开的"贷款业务渠道拓展"案例，便是在自身业务基础上展开的经验萃取。

项目

项目的本质是多个"任务"。

针对项目进行经验萃取，是再适合不过的。一个人在项目中的经验，对其本人和整个组织来说，都是极为宝贵的经验。项目经验的累积，对公司来说是规格较大的组织经验，对公司在项目拓展、产品研发、技术积累、营销等各个环节都可能形成宝贵的经验。

但针对项目进行的案例开发，则必须考虑其本身的主题规格，确保其颗粒度的恰当。一方面，其颗粒度应该是萃取者可以深度把握的（可小组萃取）；另一方面，其经验应体现项目中最具价值的部分，而不必对全项目进行"高大全式"的经验萃取。这样的方式，既可以保证项目本身的核心经验不流失，又能让后续学习者的学习压力相对减轻。但需注意的是：项目本身宝贵的创新思路、流程化等内容是充分的，不能有所遗漏。

这就需要我们对项目，尤其大项目中的环节进行价值评估，从中萃取出关键环节的经验，而对萃取意义不大的部分进行保留，只在案例中加以说明即可。

比如，在银行开展的业务拓展专项活动中，单位以项目化的方式组建团队，就某几项产品进行营销推广，为期三个月。在这个过程中，有不少经验是值得萃取的，工作人员在期间对客户进行了各种类型的划分，最终达成了不错的效果。在复盘的过程中，领导者建议对项目中的一些经验进行总结。客户经理小刘针对全程进行了书面整理，但虽然全面，却没能形成重点。而客户经理小李经过思考，觉得在这样大的一个项目活动中，参与的人虽然很多，但最终真正成为客户的毕竟是少数，于是他对真正的客户做了潜心研究，提出了"如何挖掘潜在的银行客户（KYC）"这一选题，得到了领导的认可和重视。

这一例子说明，当我们面对大项目的经验萃取时，必须具有一种"减法思维"，轻易不要去做大而全的案例开发，我们要把时间和精力花在项目中的关键经验上，从而有效提升工作质量。

总之，能全面认识选题（主题）的颗粒度，从萃取主题颗粒度——事件、任务、项目三个层面确定一致的选题，为后续开展现场萃取做好基础性的准备，是案例萃取得以顺利"生产"的关键性一步。

主题的适用

萃取是为了传承。一个典型的案例开发出来，不是一个结束，而是一个新的开始——将它运用到实际工作中去，从而发挥案例的作用。那么，在案例的应用和经验的传承时，案例和经验本身有什么效果呢？换言之，面对萃取出的各种案例，我们该怎么用呢？一般可以分为直接使用、改造使用和借鉴参考。

直接使用

直接使用，是针对萃取主题或者与主题直接相关的工作主题，可以直接复制萃取出来的经验，不需要做任何改动，直接照搬照用，即刻迁移，立即转化。案例的一大优势就在于它有如下的三个特性。

1. 直接性

案例是在特定的场景，特定的任务、事件和项目中发生，经过萃取者整理而成。所以，案例具有"直接使用"的天然属性。和抽象的理论不同，案例不需要进行理论的转化才能被使用者吸收，并且其中的方法论也已经直接呈现出来，它非常直接地出现在使用者的眼前。某种意义上，案例甚至是可以直接"套用"的[①]。

2. 重复性

案例的另一个好处在于它的重复性。在本章第一节我们讲述案例主题选择时的"高频、易错、典型"等选择维度，这些维度决定了案例具有可重复的特性，从而可以被其他的使用者进行重复使用。个别地方可以考虑条件的改变进行适度地调整，但其内在的指导经验是可重复的。

3. 实践性

案例是曾经发生过的、真实的客观事件的再现（可以是文字，也可做视频化成果处理，但其含义不变），也就是说，案例是在实践中产生而被萃取者经历和记录下来的，它生成于事件而又可以指导别人的实践。

以上三个特性，决定了一个案例不是孤立的，而是可以直接使用的。换言之，面对案例我们完全可以采用"拿来主义"的精神，拿来即用，从而指导自己的工作，充实自己的工作。

比如在技术案例的萃取中，一名工程师就电机的温升问题，进行了"电动轮自卸车系列牵引电机温升计算与实验对比分析"的主题萃取。想想看，这样的课题具有很强的技术性、科学性，确保了其结果的准确性，自然是可以重复使用的。而在营销案例中，一名银行经理就"高净值客户的精准营销"进行了深入挖掘，萃取除了步骤化的操作策略，那么之后，只要是银行人员在对大客户做营销时，便可以直接使用，只需在某些产品的具体内容发生变化时，进行局部微调就可以了。

[①] 这里的套用不可以僵化理解，不是生搬硬套的意思，当然要考虑其局部条件的差异，而进行简单调整。

改造使用

改造使用，是指在某个主题或工作场景时，需要进行局部微调，比如增加或删减一些流程，在话术、技巧方面做一些变通，才可以使用。

从使用者的改造范围来看，可以分为局部改造和升级改造。

1. 局部改造

局部改造是对案例进行改造使用的高频现象。一个典型的案例，当它不能被直接运用到我们的工作场景中，只能结合条件的变化，做适当的调整时，局部改造就是最好的选择。与其通篇重新来过，以自己不熟练、不精通的萃取技能去做颠覆性地修改，不如局部改造来得快、来得实际。

针对企业内部案例库的案例进行改造使用，就属于局部改造。

局部改造是对企业内部固有资源的创造性使用和延伸。想想看，当你在案例库中进行检索，看到了一些跟自己工作高度相关的案例时，兴奋的心情可想而知。自己的工作有案例可参、有经验可循，是多令人兴奋的一件事啊！

但你发现有些案例中的条件，在当下已经发生了一些改变，那么这时我们该怎么办？将案例束之高阁吗？当然不是，而是要结合自己的工作实际进行一番局部改造，从而创造性地使用这些精彩的案例。这就是活学活用。

比如，你在案例库中找到了一个不错的关于运用微信进行内容营销的案例，但此时你需要的是在百家号、头条号进行内容营销。这里使用的场景发生了一些改变，不同的营销平台也有着自己的规定，以及一些特别的规律。

但是，内容营销的根本性规律是没有发生改变的，都需要持续提供高质量内容到平台，进而吸引读者阅读，再将其中的潜在客户沉淀成自己的用户。

这时，我们可以对微信营销的案例进行一番局部改造，从而使用其最有价值的营销策略，真正实现为我所用。

2. 升级改造

一个案例如果不能被局部改造，那么它的命运便只剩下两种：要么被彻底放弃，丧失生命力；要么被升级改造，去适应新的情况。一般来说，大部分案例都可以进行一定程度的升级改造，只要公司的业务没有发生质的改变，客户群没有发生质的转移，那么对旧案例进行创新升级，便是一件可行的事情。

对案例进行升级改造的要点包括但不限于：

（1）案例中"事件、任务和项目"的升级

这个升级过程，其实是结合现状进行的升级改造和使用。尤其要重视案例的背景和应对，而对叙述中的人物、过程和结果等改变则不必过大。这样做主要考虑案例的性质没变（所以才有升级空间），但案例的客观背景有所变化（需客观描述），故而对事件的应对手段需要升级。

比如，同样的一个工作任务，在 2019 年 2 月是一个样子，但在一年后的 2020 年 2 月，全国受到新冠肺炎疫情的影响，整个行业都受到一定的冲击，案例的背景升级了、有变化了。那么，相应的应对手段势必发生一些改变，比如，将产品宣传的重心延伸到网络，并考虑寻找超级 IP 进行直播带货等，从而努力完成当年的工作指标。

在这一过程中，我们要考虑到工作实情而进行案例升级。外部环境逼着我们升级，我们必须融入新情况，拿出新策略，才能更好地完成工作。

（2）案例中"思路、方法和流程的升级"

案例中的思路和方法可以升级，在原有基础上进行增减，以适应新形势的需要。在具体的操作流程中，也有些步骤可能发生升级的情况，如受新冠疫情影响，公司的外贸出口受到一定程度的影响，那么对旧经验的思想和方法就必须做出调整，从而寻找销售的突破口。

（3）结合外部经验进行升级改造

将外部同类公司的一些典型案例，结合自身的工作需求进行升级改造。外部案例的获取是一个难题，毕竟案例属于公司内的东西，而保密又是商业常识。但只要我们肯留心观察，便可以在网上找到一些对案例有研究、对萃取有兴趣的个人，其结合自身的工作经验展开案例写作，将成果公布在网上。这时，我们就可以结合其案例进行一番升级改造，至少可以给我们的工作提供某些思路、某些灵感。比如互联网编程人员，可以在不少开源网站找到编程的典型案例，从其编程的思路中得到解决问题的方式方法。

借鉴参考

大幅度需要改造使用就可以理解为是借鉴参考。这主要出于案例本身与自身工作具有一定的关联度，却又无法直接套用。这种借鉴其实很有意义，如果能从别人的案例中发现新思路、得到新灵感，是可以很好地解决自身的问题的。毕竟，还有一个答案可以参考，比什么都没有要强得多。

借鉴参考的案例情况很多，要重视两种类型。

1. 同类案例的借鉴和参考

比如同类公司的产品案例、设计案例、营销案例，其内在的道理自然是通用的，借鉴参考和使用是必须的，这应是经验丰富的员工的一个常识，一个基本的工作优化意识。

当你的竞争对手设计了某款产品，使用了某种营销策略，引爆了市场的好评时，你能做到无动于衷吗？

2. 跨行业案例的借鉴和参考

在这样一个快速变化的信息时代，保守秘密固然是工作常识，但优秀的产品、好的设计思路、实用的营销方法、有效的管理哲学等，势必会随着信息而流入市场。世上的万事万物都是相通的，聪明的人会从哲学的高度看待问题、分析产品、洞察营销，从而让自己变成一个从各行业吸收方法和精华的人，真正做到一通百通。

所以，关注一些自身行业之外的案例，从关注他们的公众号做起，培养对典型案例、文章等信息的捕捉能力，可以很好地从外部行业吸收知识和营养，从而创造性地运用到自己所在的行业。

要知道，真正强大的颠覆性的对手，经常不出现在同一行业，而往往是跨行"搅局者"。

没有一个主题的经验是包打天下的，经验都是有适用边界和范围的，在适用层级上可以分为不需要修改的直接使用、需要微调的改造使用和需要大幅度改造的借鉴参考。在经验推广时，要标注经验适用的主题和适用层级，以便让受众在复用时有所依据。

Chapter 5 | 第五章

案例的结构

任何事物都有其独特的构成，这便是结构。案例自然也不例外。案例的结构确保了案例的完整性，它是由若干个要素构成的。当然，不同篇幅的案例，结构要素的数量略有差异，毕竟微小案例的篇幅是有限的，只能就其主要结构进行撰写。而项目级的大案例最能体现案例的全结构，是我们重点学习的对象。

案例情节五线谱

案例中的事件是有情节、有结构的，其主要的叙事结构体现为五个方面：人物线、冲突线、时间线、结果线和经验线。这些线需要萃取者深入思考，细致撰写，才能将完整的案例呈现出来。

人物线：信息统一

案例中有人物的存在是必须的，不管在一个事件中、一项任务中还是在一个项目中，个体的人或团队成员都在案例中"扮演"各自的角色，进而才能对案例中的各种情况进行体会，做出相应的策略、步骤和调整，以实现最终的工作目标。

1. 主要人物和次要人物

观察案例中的人，可以将其分为主要人物和次要人物。其中的主要人物担负着案例运转过程的角色，而次要人物则可能是叙述者、参与者、见证者等。

比如，在"挖掘潜在私行客户的KYC"的案例中，作者着力叙述的主要人物是李女士——一个重要的私行客户。

"客户李女士是我行优质企业的法人,李女士为外国国籍,近年回国继承家族企业,尚未在我行开立个人账户,首次邀约客户到行进行面访。

"在前期电访中李女士表达自己为非居民外籍人士,由于我国自2018年加入CRS成员国后,她担心国内资产过度集中将会被银行金融机构上报CRS,进行税务人信息交换,引起不必要的税务问题。因此,客户不愿意将资金集中于某家银行,无法提升其为私行客户。"

在这里,案例的主人公是李女士,作者对李女士的情况做了简要的介绍,从而将读者的注意力集中在李女士身上。而案例中自然有一个潜在的叙述者——"我",便是案例中的次要人物。这样的划分只是因为"我"与案例事件中的"李女士"相比之下是次要的,即使最终的经验萃取是由"我"来完成的。

2. 案例中的人需信息统一,叙述协调

案例中的人自然是真实的、客观存在的。但为了案例的精彩程度,在不影响案例真实情况的基础上,可以对人物的部分信息进行加工、整合,从而使之更具代表性。以上述的李女士来说,其具有的身份特征、财产信息、个人意愿等情况是可以稍做加工的,但必须体现真实原则。

这种加工可以在某些细节上稍做充实,以表达该案例对特定群体的一种指向,如案例中的李女士,系一名外籍人士,个人对税务问题有担心等,这些信息的出现对同类型、有相关情况的人士及群体有一定的指向性,可以在更大范围内拓展案例本身的意义和价值。

3. 保护客户的个人信息，不能透露真实姓名的个人资料

在构建角色信息的过程中，需注意保护客户的真实个人信息，决不能将其个人的资料直接放在案例中，即使单纯作为内部使用也不行。否则不仅可能造成对客户的不尊重，还会有信息泄露的风险。再说，也毫无必要去呈现其个人真实资料，只要描述的内容是真实的就可以了。

同时，在案例开发过程中，我们也不能为了案例的精彩程度而进行超量的文学加工，使之变得不那么真实，这样容易引起案例使用者的疑惑情绪。综合上述几点，我们在案例中提及的人物，很有必要以"张女士""李先生"等常见姓氏进行人物描述，而不必透漏其真实的个人身份。

冲突线：情节设计

案例因冲突而精彩。

但我们去描述案例中的冲突，并不是对案例精彩程度的一种创设性考量，而是在现实的工作中，发生在事件中、任务中、项目中的冲突、困难、挑战、挫折、不顺利，常常既客观又生动。当我们回想案例的来龙去脉，用文字去描述冲突的时候，必须如实而又生动地把它记录下来。这对案例的使用者来说，当然也构成一种事实上的吸引。你在案例中对冲突的刻画，越是精彩、传神，就越能引发案例使用者的好奇，从而将你的经验顺利地传播出去、传承下来。

一般来说，冲突的撰写主要体现在两个层面：事的层面体现为各种困难；人的层面体现为各种挑战。

1. 冲突的要点一：事情有难度

如果一项工作简单易做，做起来不费吹灰之力，很快就可以完成，那这

样的小事儿是不足以作为案例的。有资格成为案例、有资格让参与其中的人员去回忆的事件、工作和项目，势必有一定的冲突发生，解决这些冲突是非常麻烦的事情。其中，事情有难度是最常见的一个维度。事情的难度可以有多种，常见的如下（一般多项组合的难点，对案例开发更价值，单一的难度未必构成案例开发的理由）：

- 事情很紧急、很突然；
- 事情很棘手，不好办；
- 事情工作量大，不堪重负；
- 事情很复杂，难以理清头绪。

比如，你接到一份公司投标的标书准备工作，要求在三天内完成。其中涉及不少跨部门的数据内容，需协调、整理才可以，很耗时间。但领导要得急切，要求又高，必须加班加点才可能做出来。

2. 冲突的要点二：人员有挑战

除了事的维度，人员的维度也是造成冲突的关键。一件棘手的工作出现了，如果你的经验足以轻松完成，那么是不存在冲突的。但你或你的团队在处理这个任务时，面临着如下的问题，那就是存在冲突。

- 内部人员意见不统一，存在较大争议；
- 人员技术力量不强，必须快速提高技术水平；
- 人员信心不足，主观能动性不强；
- 从未遇到这类工作，毫无处理经验，必须摸着石头过河，结果没保障。

诸如上述情形的发生，就是个人或者团队面临的挑战，在我们描述冲突的过程中，需要写出人员是面临哪些挑战又是如何应对的。

时间线：先后排序

时间线是我们处理工作挑战时的一些具体方法的先后排序，一般包括在解决问题的前期、中期和后期做了什么行为努力？时间线基本等同于行为线。

这些努力虽然因工作任务和个人分工的不同，而有所差异，但一般性行为动作有：

- 分析工作：分析其具体的困难，找出解决问题的关键。
- 创设条件：比如查找资料、咨询高手、参考案例等。
- 解决不足：包括技术问题、策略认知等。
- 激励团队：克服团队畏惧心，形成迎难而上的动力。
- 拿出方案：给出一个具体方案，进行要点罗列等。
- 执行操作：根据方案制定行动计划、分工、分头落实。
- 收尾结项：促成结果、收尾结束、回顾总结。

通过这些应对措施的处理，工作任务随着时间而逐渐改变、完善，在大家共同的努力下，朝着最圆满的目标进发。

值得注意的是，在对具体个案的"时间线"进行书写的时候，需如实写出、分类表达，按照先后顺序等。即使其中的某些工作后来看效果一般，甚至是无效的，也需要罗列出来。这些当时面对繁杂任务时的方法，虽然不能为后续的案例萃取提供有价值的经验，但一方面可以客观再现案例的过程，另一方面则可能提供某些教训，警醒学习者不要那样去做。因此，也是有意义、有价值的。

结果线：阶段结果

经过人员和团队的努力，解决了工作中的各种冲突，尤其在应对方案的作用下，最终的任务得以完成，问题得到了圆满的解决——这是萃取最佳实践的一个通路前提；而如果最终的任务失败了，比如一次失败的战略投资，也可能是值得萃取其经验和教训的，以指导后续的工作。

在对最佳实践的分析中，其成果需进行至少两个方面的描述：一个是成绩方面，二个是成长方面。需要注意的是：在撰写两方面内容时，要多角度考虑问题，体现出成绩和成长的"丰富性"。

1. 从成绩的角度

事情得到了很好的解决，举一个简单例子，如一员工应对紧急公文写作，萃取该案例后有三点成绩：

- 在两小时内完成了文稿撰写任务，保障了会议顺利召开；
- 文稿较好体现了领导意图，获得了领导认可；
- 系统展示了公司服务区业务发展思路及具体措施，提升了企业形象，有利于下一步工作的开展。

上述成绩的写作，是从三个角度展开的：事情本身的解决、领导意图的贯彻、对公司形象的提升等。

2. 从成长的角度

一个人在一件事、一个任务或一个项目中，得到了一定的成长，个人的经验得到拓展，眼界更为开阔，都是可以写成结果的。同理，团队的成长也是如此。仍以上述公文写作的案例来说，关于个人的成长，萃取者写了如下两点：

- 提升了个人文稿写作能力及对服务区业务的理解；
- 提升了参与人员团队协作及应对紧急任务的能力。

对成果的体现，从撰写技巧上是与某些"体现变化的动词"分不开的，如"解决""提升""贯彻""突破""展现"等等。

经验线：共性经验

所谓经验线，是从事件、任务或项目中萃取出来的，它是对人员在应对工作时采取的方法的一种概括。这种概括可以很好地解决上述工作中的问题，在整体上解决冲突、实现工作目标。一般来说，经验主要以流程化的步骤，以及对步骤的要点进行解析来完成的，这样便于经验使用者直接使用、改造使用或借鉴使用。

1. 经验线的内容包括了具体的应对措施，但又有所超越

在时间线中已经对具体工作的应对措施有简明扼要的说明，但部分内容还是局限于当时的背景和情况的。而在萃取共性经验时，需细致地以"思路、方法、流程、做法、工具"等经验类型进行展开说明，这些经验的总结会包

括对当时问题的解决，但在萃取时也要有高度，有所超越。

2. 经验线的内容具有普适性，触达到工作方法论的高度

根据上一点的情况延伸来说，我们所萃取的经验要更具普适性。能很好地解决一类问题，自然具有一定的普适性，故而会触达到工作方法论的高度，否则单就一个问题萃取的具体方法是很局限的。

3. 经验线体现为以"步骤"为核心的流程、要点解析等多项内容

经验线的内容萃取，需遵循一定的写作结构。一般来说，其写作结构包括了经验的"思路、方法、流程、行为、工具、习惯和态度"等，这些经验类型都是围绕"流程"进行的，思路、方法大于流程，行为、工具、习惯和态度融入流程。这是案例开发的核心环节，唯有在这个环节做透，才能真正彰显出案例的意义和价值。

案例情节五线谱：人物线、冲突线、时间线、结果线和经验线，是对案例来龙去脉的回顾、复原，目的是真实再现主人公在处理案例中这类任务时的操作过程，为后续的经验萃取做好素材支撑。无论是共性经验，还是个性经验，都可以在案例情节中找到影子，进而扩充为具体的经验内容。要注意的是，案例情节的描述要点到为止，每个行为用2~3行概括描述即可。

案例撰写原则

要想在案例开发时充分写出其精彩的过程，萃取出普适性的经验，供经验使用者使用和参考，就势必要学会以特定的方式来撰写案例。

这里给出的是个案在呈现时的五大撰写原则，其目的在于将个案写得跌宕起伏、引人入胜，让学员喜欢看、喜欢学、喜欢用。

带入场景

和抽象的理论相比，人们更喜欢有具体场景的东西，这样更具体、更形象。所以在撰写案例时，我们秉承的第一个原则便是"带入场景"。

所谓场景，其实可以理解成工作情景再现。当时、当地的条件、状况是怎样的，有什么人、接到怎样的任务等，以及接到任务时大家和个人的心理状态，这样的描述可以将真实情景再现出来，从而将案例使用者带入到一个真实的场景中。场景性的因素可以包括以下几个方面：

- 任务发生的起止时间、关键节点；
- 任务发生时的背景、地点等；

- 接到任务的人以及职位等；
- 接到任务时人的心理状态；
- 具体的任务描述，以及工作目标。

情节起伏

既然案例中的事件、过程是具有情节特质的，那么对情节的描摹就不宜平铺直叙，那样的话没人喜欢看。案例中的事件具有很强的故事性，是由"时间、地点、人物、过程"等要素构成的情节单元，所以对这种带情节的描述，必须力争生动、形象，从而更好地吸引学员的注意，使之第一时间以一种画面感切入案例的学习。

要知道，唯有跌宕起伏的故事情节，才能真正吸引学员的注意力。进而逐步揭示过程中的主要问题，引发案例使用者的深入思考，给出当时条件下的一些选择，即具体的做法等，让案例使用者暗自进行比较。在语言的表达上体现峰回路转的感觉，可以更好地吸引读者的注意力。在撰写时可以考虑如下几个要点：

- 任务突然到来，打破了日常工作的平静；
- 工作人员骤然紧张，信心不足，担心完不成；
- 梳理思路，渐入佳境，给出具体方案；
- 迎来转机，看到了希望的曙光；
- 峰回路转，克服艰难之后圆满完成任务。

冲突激烈

在经验萃取时，不少学员对"冲突"的理解相对偏狭，似乎只有两个人因矛盾而激烈打斗才是冲突。其实不是这样的。冲突的本意是"困境"——当一个人、一个团队接到一项任务，感到一时难以处理，便陷入一种困境、一种窘境中来，这就是冲突。

举一个电影的案例。电影是大家熟悉的东西，好的电影都对冲突有着精心设计，且最终都会化解冲突，让主人公的生活重新回到日常轨道。

比如《人在囧途》中，玩具公司老板李成功打算新年回家过年，这本是一件十分容易的事情，各种交通工具都可以让他实现目标。但就是这样简单的一个愿望，却给了他无尽的冲突和烦恼——飞机、火车、大巴、轮渡、搭货车、拖拉机等都用上了，最终他才精疲力竭地到家。

工作中的冲突也是这样，条件不具备、信心不够足、技术不够强、团队不和谐等各种冲突、困难、瓶颈、挫折，这些工作中可能出现的各种障碍，让人陷入窘境。

真实再现

真实性，是案例撰写的一个基本原则。

这意味着我们所写的案例必须是真实发生过、亲身经历过的事情。绝不可以虚构其中的内容，有时出于对案例中人物身份、个人隐私的保护，可以将其中的人物姓名进行化名处理；出于对公司项目时间、地点等方面的保密需求，有时对事件发生的时间和地点做一点变更也是可以的。但事件本身、工作任务、项目内容、工作行为等必须真实可信，在叙述时要真实再现。

生动描述

描述的生动性，是我们案例开发过程中的一项要求。这也是出于让案例更精彩、不枯燥的一种考虑，所以我们要能用准确的词语、句子进行表达，而不是模糊的、抽象的语言去敷衍整个案例过程。

另外，在叙事中可以适当地加入简洁的对话，辅之以当事人的动作、表情、心理描写等，可以更好地体现出一种真实的感觉，一种生动的滋味。

- 说话时的神情、微笑。
- 思考、选择时的心理活动。
- 主人公的外貌、穿着、配饰。
- 人物的肢体语言、微反应。
- 对话时的语气、语调。

案例撰写原则需要具体体现在文字描述中，不必所有原则都一起体现，可以结合案例的时间线、行为线逐个呈现，渐入受众的眼帘，让受众读起来既轻松又有代入感。

案例成果结构

案例作为一种成果载体，在具体展现时包括了常见的11个标准要素，体现出案例开发中的"全结构"样态，通过分析每一个要素，我们对案例开发能有一个更深入的认识。篇幅大小不一的案例，结构的多少，最终决定了字数的多少。

标题

案例标题有两种，一种是引导性标题，另一种是正式标题，可以称之为"双标题"。正式标题是对所萃取的案例的常规表达，字数可以较长，体现出丰富的信息量和关键词，以及专业背景等；而引导性标题主要出于对案例快速传播的考虑，重视其传播效应，能引发案例使用者的好奇心。

正式标题比如"中高速磁悬浮磁级环境试验开裂分析"，在这样的标题中，集中体现了专业背景、研究对象等关键词，信息量是丰富的。再比如"银行非核心睡眠客户促活指南"，其中的"银行""非核心客户""促活"等关键词，给出了案例的应用背景，非常清晰。

正式标题的拟定是相对容易的，通过将案例中的关键词、专业背景等进行组合，中规中矩地体现案例的主要内容就可以。这里重点介绍引导性标题的几种写法。

1. 解释式标题

解释性标题是对针对萃取对象，在某一角度下的解释，由"主题+解释"两个层次构成的标题。

比如，"萃取技术，组织发展的利器""手机，不要做我家庭的第三者"。

解释性标题体现出对案例对象的一种强调，体现出案例开发者的一种态度，以引起读者的注意。在具体写作中，解释性标题的总字数一般控制在20个字以内，其主题往往由1～4个字构成，其解释内容一般由6～15个字构成。

2. 断言式标题

断言式标题，是以"一声断喝"、一种果断乃至武断的一刀切的发声，来唤醒案例使用者的注意。比如，"培训经理，不要成为组织经验萃取的绊脚石""别说你懂项目管理"。这样的标题，可以瞬间引起使用者的注意，引发重视和阅读的好奇心。

虽然表面看来，这种"断言"似乎带着一种求全责备，但足以起到唤起读者注意的效果，其总字数一般控制在20个字以内。注意："断言"的过程中，必须体现一定的萃取内容，不能只是大喝一声，如"别说你懂"，这样的"断言"是不完整的。

3. 提问式标题

提出一个问题，引起阅读者的思考，是一种巧妙的起标题方法。心理学告诉我们：当别人抛给你一个问题时，即使你拒绝回答，你在心理上也还是会作答的。就像再小的石块投入水中，也会激起一点涟漪。

比如"拿什么唤醒我的客户",当读者看到这个标题时,即使不能回答上来,也会在心里稍微琢磨一下,从业者更是如此,那么想知道具体答案的话,势必要翻看案例具体了解才行。

4. 成语式标题

成语式标题,主要是通过对成语进行一点文字上的改变,这样一种成语、熟语的效果,更能引起读者的注意。改造之后的成语,更常常造成一种"一语双关"的新奇效果。

比如,"'诉'战速决——投诉处理的五步曲",这里是对成语"速战速决"的一个改造,改变一个文字,在保留了其成语表达的语音效果的同时,又创造了一种新奇陌生的感受。

5. 总结式标题

总结式标题极为常见,尤其在各种自媒体写作中,每一个行业、专业、岗位、知识领域等,都可以从不同的角度进行一番总结。这对读者来说是一种非常便捷的学习方式,能一次性看到许多知识内容。

总结性标题中常常伴随着数字,一般将总结的内容分条罗列,将条数体现在标题中,比如"成人学习英语的七个思维误区""组织经验萃取的十个捷径"。在这样的标题中,数字是亮点,总结是关键。

6. 揭秘式标题

人人有一颗窥探秘密的心,因为可以满足好奇。这是揭秘式标题的内在逻辑。其撰写的思路在于,隐藏关键性的信息,只吐露一点点,激发读者去阅读你的案例。比如,"极速提升客户品质的四个秘密",那么什么是"极速提升的秘密"呢，作者没有直接说，需要读者到案例中自己去看。打磨一个有趣的秘密，是能令读者以最短的时间下意识去阅读你的案例的。

以上六种方法是非常常见的起引导式标题的方式，值得注意的有两点：根据开发者的需要，每个案例使用其中的一种方式就可以；六种方法也可以组合使用，比如在揭秘式标题中使用数字，达到一种总结的效果。

背景

不管是事件的发生，工作任务的出现，还是一个项目的到来，势必有一定的背景可循，势必在一定的背景中产生。写出案例发生的背景，对案例萃取的完整性，对学习使用案例时进行参照、对接，都是有意义的。案例背景可从三个角度考虑：宏观背景、中观背景和微观背景。

1. 宏观背景

宏观背景指的是国际环境、国家环境、宏观政策、行业状况等，这些背景性因素发生一定的改变，对公司的项目、产品等都可能产生一定的影响。比如，2020年新冠疫情的爆发，许多行业受到巨大的冲击；国际环境中的一些冲突，导致一些依赖进出口的公司生存艰难；或者国家政策的变化，促使一些新机会的出现，比如海南自由贸易港的划定，让许多公司看到了更多的业务机会等。

2. 中观背景

中观背景特指所在城市、集团总部、公司层面发生的一些变化，导致出现新问题、新任务。比如，城市的新政、公司战略的调整、人员的调整、重点投标的需要等，都可能让一个新任务快速到来。

3. 微观背景

微观背景特指所在部门、岗位、团队层面、具体工作层面——这是背景中最具体的因素，常常是萃取者感受最强烈的一点，比如研发团队面临产品线的全新升级、个人刚刚晋升就面临一个棘手的工作任务等等。

在撰写背景的过程中，有以下几点注意事项：

- 从上述角度考虑问题，但不必面面俱到，不要泛泛而谈；
- 至少选择其中一两个角度，做深入一点的背景分析；
- 大小背景需兼顾起来，不要只顾其中的一面，忽略另一面。

要注意的是，不是每个案例都有宏观、中观、微观三个层面的背景，根据实际情况写案例实际具有的背景就可以。

冲突

在"案例情节五线谱"的"冲突线"中，我们对冲突已经有了一定的了解。这里对冲突做一些补充性的说明。

1. 准确理解冲突的概念

简单说，冲突就是做事的难度和对我们的挑战——这两者是统一在一起的，只是在写作案例时常常将其分开叙述，而正是事情有难度，才给了我们不小的挑战，哲学上的对立统一就是这样的意思。

2. 分条罗列，深入解读

冲突的撰写需分条、分要点罗列出来，同时对其内容做深入解读。从撰写案例的角度看，这样既能让案例使用者明白所总结的要点，又能深入其中了解详细，比如，在"如何组织一场三方满意的团队引导探索活动"案例中，作者罗列和解读的冲突如下：

• 难点（事的角度）：

☑ 经验缺乏：缺少内部引导师的协助，一切工作需要摸着石头过河，没有系统的经验支持事情的顺利展开。

☑ 预算有限：有限的预算让事情的展开更有难度，一方面可能导致效果不理想，另一方面给导师的费用有限可能需要透支组织者的人脉关系。（其他略）

• 挑战（人的角度）：

☑ 恐惧心理：整个团队从未做过此事，有对新事物的恐惧，高管担心搞砸了，影响集团公司预算编制。

☑ 时间紧迫：组织者准备时间不充分，导致很焦虑，担心做不好无法在企业立足。（其他略）

在上面的案例中，作者对冲突的写作有概括，也有具体展开，两相结合对案例使用者有更清晰的交代，而不是一味抽象地表达。

选择

选择是一个策略问题。

面对种种困难和挑战，我们总是想做出更好的选择，体现出更好的工作策略。

其策略从效果上看，有上策、中策、下策之别。能做出上策并执行是最好的，但有时条件不具备，只能选择中策甚至下策，虽是一种无奈的选择，但对经验萃取来说，我们必须明白自己的选择策略，明白策略的上中下之别，从而在案例中指出，让使用者了解选择策略受当时条件的限制等。

选择策略之后，就是具体的行动行为。

行动

行动，又称行为动作，是说在面对冲突的时候，我们做出了怎样的具体反应，拿出了怎样的方法去面对问题、解决问题。

行动常常是由一些连续的动作构成的，且这些动作具有很强的目标指向，是为了更好地完成工作任务、解决问题而出现的。

比如，一名银行经理对一个记错事情的老龄客户进行了一番劝导，这名经理知道，如果和老年客户直接争论是难以解决问题的，只能采用更有耐心的解决方法。

"我先让老人家喝口水，润润口，然后轻抚她的背，并说：'李奶奶，您消消气，别气坏了身子。'还拿出纸巾来帮她擦汗，同时对李奶奶对此事发出的怨言表示接纳并理解她的感受。

"我开始帮助李奶奶回忆当时的情况，比如当时存款是在哪家网点？存款时和谁一起去的，当时的情形如何，存款当时是否靠近什么节日？"

在上述的案例中，工作人员针对气愤的老龄客户，先是采用安抚其情绪的行为，再引导其回忆当时的情景，逐渐让老人家安静下来，逐渐消除了气愤的情绪。

当然，上面是一个较小的"事件型"案例，如果面对的是"任务型""项目型"案例，那我们做出的行为往往是更加复杂的，常常需要逐一叙述出来。

结果

结果是在人员的努力过后，事情有了怎样的结局。对于最佳实践来说，这个结果往往不是单一的，而是多个角度的叙述和总结。

不少学员在撰写"结果"时，会只写一个基本的事实，而忽略对其他"结果"的书写。其实，这对最佳实践来说是不够的。我们必须从"事的成绩"和"人的成长"两个角度去看结果，分条陈述，体现出更透彻的分析。

比如针对智慧高速人才选拔计划这项任务的结果描述：

☑ 成功选拔：选拔出 407 名员工参加智慧高速人才培养计划。
☑ 合作体制：与四川交职院建立健全产学研合作体制。
☑ 人员分流：将三百余名收费人员成功实现转岗分流。
☑ 缓解现状：缓解了川高系统机电人员、养护人员的人才缺乏现状。
☑ 团队历练：工作团队在这个项目中得到了极大的历练，对处理多人群项目的工作能力有了经验累积。

上述结果描述中，第一个是基本结果，是针对人才选拔工作而得出的一个基本事实。而"合作体制""转岗分流""缓解现状"等，是延伸出来的一些"结果"，他们同样重要，需要进行描述和解读。

要注意对"结果"的描述，需要从事件和人员两个角度展开，更容易得出全面的结论。

疑问

疑问是从具体的事件、具体的工作中得出的问题，这个问题的提出，常常指向一类问题，成为一个共性的话题，便于后续去回答这个问题，彻底解决一类问题。

疑问的提出必须准确，有特定的角度，不能偏离基本的案例价值。

比如在上面的银行案例中，银行经理面对异常气氛的老龄客户，采取了耐心＋引导等工作策略，以化解工作中出现的突发事件。针对这样的案例，如果提出的疑问是"老奶奶为什么生气？"这样的问题，是不能把案例中的共性问题提出，更不能得到什么解决方法的。虽然从案例中，我们可以提出上述疑问，但该疑问的意义和价值不大，老龄客户不满意、有情绪是常见的现象，我们的疑问必须围绕真正有价值的问题提出，比如：老龄客户在办理业务时经常记错信息，我们该如何处理？共性的问题才能对业务问题的解决给出有价值的回答。

必须牢记，我们在案例中所提出的问题，需要摆脱事件中具体的人和事，将问题拉升到一个类型化的高度，比如上述案例中的老奶奶，提问时需上升到"老龄客户"这样的群体，这样才能提出真正有价值的问题。

问题的提出是重要一环，虽然体现在案例文当中可能只有一行字，但其中凝结着案例萃取者的思考，体现着他对业务、行业等专业知识的思考深度。有时，提出问题比解决问题更重要，好的问题可能触及行业痛点、岗位痛点，后续才能更好地解决痛点。

经验概述

经验概述是连接疑问和经验之间的过渡，有着承上启下的作用，一段是3～5行的概括性描述，介绍大致的处理思路和流程。

比如，一个学员在萃取"二横线项目设计创效"案例时，写的经验概述是：在进行市政道路工程设计创效时，要根据"优质履约"的原则，进行项目分项的盈亏分析，并依据盈亏分析提出各专业的优化创效点，并加以跟踪落实，以实现项目效益最大化。本经验应用于市政道路工程PPP或EPC项目设计创效时，可以直接使用；应用于市政道路工程施工总承包项目设计创效时，可以改造使用；应用于轨道类项目设计创效时，可启发使用。

共性经验

经验从其类型划分，可以分作共性经验和个性经验。其中，共性经验是主体，可复制，能重复，体现出经验的普适性特质。

当我们把共性经验进一步细分时，可以从如下常见的六种类型进行考虑，以体现出共性经验的特有结构。这就是：思路、方法、流程、做法、工具、习惯。这里仅简要解释上述六个方面，在后文中我们将重点介绍其内涵，并给出范例。

1. 思路

共性经验的思路，是说你按照怎样的思想、原则来组织和开展你的工作。所以，思路便是你赖以思考的路径，在这种路径的指引下，你才能更快、更好地投入工作，解决各种问题。

2. 方法

解决问题时的一套具体做法，我们可以进行命名，通过命名可以很好地实现传播的效果，体现出经验的独特性，比如"沙龙邀约五步曲"，是运用五个步骤来举办沙龙邀约的。

3. 流程

当我们去审视一个具体的个案时，是可以将其解决过程进行流程化处理的，以多个步骤（一般3～7个）来拆解整个过程，不仅能更好地让我们看清其过程，还能让经验学习者有步骤地学习和认识。

当然，针对各个步骤，我们需要进行一番细致地解读，以比较详细的语言进行表达。

流程是对解决问题的关键步骤的整合，体现出一种前后的时间顺序，从而使你的工作变得有条不紊，对案例读者来说也是层次清晰的一种体现。

4. 做法

做法，就是对流程下的行为要点进行的详细解释。有了详细的解释，我们可以从中直接看到具体是怎么做的，有助于看到最细致的内容。其中，特别要注意的是对行为进行的量化描述，不可以含含糊糊地讲解，那样容易让读者产生歧义，无法达成标准化的行为模式。

比如在一份"项目开发六步法"的经验案例中，作者精心梳理了开发项目的六个步骤，从而将一整套的流程写了出来。我们以其中的第一步为例。

六步开发的关键流程（节选）

1. 搜：搜集项目信息

1.1 询问：询问背景信息

询问就是通过向客户或者相关厂家咨询产品信息。

询问的目的是搜集项目相关信息，是项目开展前重要的环节，可以帮助项目成员更加清晰地看到项目目标，树立信心。如果在项目前期没有进行背景信息询问，可能会减少项目的输入，缺少对项目前期开发出现问题的了解，减缓项目的进展进度。

询问内容可以分为产品本身的固有属性信息和产品开发过程中带有的信息。产品本身的固有属性信息包含产品图纸信息、产品重量等，产品开发过程中带有的信息包括产品开发过程出现的问题，失效发生的原因。

1.2 明确：明确项目信息

项目信息是指项目的图纸信息、材料信息、开发周期、风险点等。

明确项目信息可确保后期的项目信息的正确性，确保项目实施顺利。

明确的目的是对前期输入信息进行梳理，对信息进行辨别。如果在项目前期没有进行项目信息明确，那么可能会导致错误的信息导入到项目开发中，导致后续的开发方向错误，出现重复返工甚至项目开发失败的风险。

明确项目信息采用邮件、面对面、电话沟通的方式进行，采用点检表的形式对信息进行检查确认，且在内部进行传达分发，确保内部各部门明确了解项目信息。

在上述案例中，上面是流程的名称，下面是具体流程的解读。我们可以看出：作者对流程中的要点解读很细，让学习者可以清晰看到如何去做。

5. 工具

通过总结经验，可以将其中部分内容实现工具化，形成一个个工具供人使用。其中，最主要、最常见的工具有表单、公式和矩阵，真正做到拿过来就可以用，稍做改造就可以升级的效果。

6. 习惯

萃取经验时，可以强调工作中好习惯的养成，以及解决问题的思考习惯，便于经过自我的探索不断延伸工作方法，实现新的创造性思维。大量创新思路都是在好的工作习惯基础上养成的。

个性经验

和共性经验相比，个性经验是案例开发者在工作中总结的"重点、难点、技巧、注意、话术和金句"等，有特定的主观感受、主观经验在其中。个性经验可以供学习者借鉴、参考，在特定的场景中也可以直接运用，或者改造一番。这里简要介绍，后面的章节中将进行详细解释。

1. 重点

重点一般体现在流程当中，可以在流程中找出最重要的一项，它对整个工作的解决是不可或缺的，同时又是一个重点事项。需要研究者加以重点关注、学习和研究。

2. 难点

同样体现在流程当中，案例开发者实施起来比较困难，有一定的难度。

难点的攻克是解决问题的一大关键。

3. 技巧

这是案例开发者总结的精妙办法，是指可以用最快的速度、最低的成本解决问题。正如古人说的"熟能生巧"。技巧常常是对经验丰富者的一种馈赠，是长期在工作中发现和总结的一种捷径。

4. 注意

注意是一种提醒，是一种根据经验而得出的注意事项、温馨提示等。有着丰富经验的人，对工作中容易出现的各种"坑"、各种问题都有留意的意识。就像一名老司机走在一条熟悉的马路上，长年经过这里，他知道这条路上哪里是坑、哪里是坡，可以提醒新手司机注意。

5. 话术

话术也是个性经验的一种总结。许多工作都是重复的，对客服、销售员等岗位来说，几乎每天的工作都在重复。因为要和大量的客户打交道，所以很有必要掌握一套应对话术，以便充分应对客户，输出公司产品的信息，实现一种标准化的作业模式。不同的公司可以开发属于自己公司的话术。

6. 金句

金句不必多，有一两句就可以。金句有着很强的传播效果，具有很强的感染性，能第一时间打动读者，引起读者的精神共鸣。案例萃取的金句，都是围绕案例本身的信息展开的，可以附带传播案例中的关键内容。

比如"梦里寻她千百回，不如沙龙约一回""昏昏欲睡惊坐起，兴业产品唤醒你"。这样的金句可以更快、更好地触达到读者的心理，引起兴趣，得到一种认知上的满足感。

结尾

结尾是案例开发的最后表述。常常着眼于案例主题对工作的价值、分什么步骤、有什么效果等方面的综述。在案例结尾处对案例进行一种总结式的表达，体现其意义和价值等。

比如下面这个案例的结尾："通过"YES-BUT-SO"话术，小明在和客户在"打太极"过程中完美化解客户的花式拒绝，成功达成客户唤醒和邀约的工作，减少了反复沟通的时间成本，大大提高了工作效率。"

Chapter *6* | 第六章

案例的萃取

案例的萃取是一个技术化的过程，需要精通萃取技术的萃取师带领学员付出一定时间展开。在这个过程中，主要以萃取师的知识点讲解、示范以及学员的经验输出为核心。从经验类型来说，主要的内容表现为共性经验、个性经验、遗憾教训等方面。

第六章
案例的萃取

共性经验

在前面的章节中，我们对共性经验有了基本的认识，但还没有深入其中了解其内在的构成，尤其对如何运用萃取技术进行共性经验的挖掘，知之不多。这里给出的便是具体的知识点和萃取方法。

思路

在接到具体工作时，我们理所当然会去想解决问题的路径，以怎样的原则展开工作，这就是思路。可不少学员在撰写思路的时候，常常有点摸不到头脑，这里给出五种萃取思路的方法。

1. 战略式思路

每家公司都有自己的发展战略，这种战略常常由极为精练和简短的句子构成，以便员工理解和记忆，用于指导工作等。那么，在我们萃取案例中的工作思路时，战略式思路是可以直接作为工作思路，指导我们的工作的。

比如："在推动客户体验时，要从'一切为了客户'的服务理念出发，组织开展端到端业务质量感知提升工作。从传统的面向'网络'转变为面向'业务'的运维管理模式，以业务感知为导向，切实提升用户端到端的业务感知。"

上述依照公司战略展开的思路中，需要结合自己的萃取内容，进行细致地说明，从而将战略融入具体的工作中。

2. 理论式思路

学术理论的研究范围很广，我们日常工作中的一些思路和方法，其实都可能有专家学者在研究。比如以研究心理学著称的马斯洛，他的马斯洛需求理论在世界范围内都很有名，被大家广泛引用；再比如著名营销学大师科特勒的"定位理论"，这些学术思想，都可以在案例中指导具体工作。

在用理论指导我们的工作，不仅给人以更科学的印象，还能更好地贴合学术思想，体现出案例开发者的知识面和学术修养。

组织一场三方满意的团队共创会，需要依据"乔哈里沟通视窗"，帮助团队从多维度呈现开放区、隐秘区、盲目区、未知区的信息及反馈，实现四个区域信息的有机融合，从而找到最适合此类引导会的主题。

在这个案例中，开发者将"乔哈里沟通视窗"理论作为工作指导思想，并对其指导的层面、方式做了细致的解释。在这样的思路撰写中，我们需要做两方面的工作：

第一，找到切实的指导理论、学术思想，可以在网络上进行检索，确保其学术理论是支持你的工作的；

第二，对理论的指导进行一番解释，确保读者可以读懂这种指导是如何发生作用的。

3. 重点式思路

重点式思路是最常见的一种案例开发思路，它是从具体的工作中思考得来的。一般的思考路径是这样的：一项工作可能包含着纷繁复杂的多端内容，想要理清其中的头绪并不容易。但在其中则有着矛盾的主要方面、次要方面，只要我们抓住了其中的主要方面，就是抓住了其中的重点性环节，其他问题则可以迎刃而解。

这里举一个通俗易懂的案例：

"在给别人介绍对象时，要根据'门当户对'的原则，明确双方的条件和标准，在年龄、职业、收入、教育背景等方面匹配之后，再进行引荐认识。"

在上述案例中，"门当户对"就是一种抓重点的思路，只要你围绕这种思路展开工作，可以为任何年龄的人去介绍对象。当然，对这样的思路也需进行一番解释。

4. 讲话式思路

公司领导者高屋建瓴的讲话内容，常常是可以作为我们的工作思路的。当然，我们常常不需要大段引用领导者的全部原文，而只需要将其中最具指导价值的内容引入案例，作为工作的指导思路就可以。

比如下面的案例：

"在做睡眠客户唤醒这项工作上，重点根据刘总一再强调的'盘活有序'原则展开行动，真正沿着精准分类展开工作。针对流失、降级、任务性开卡所致的纯白户等日均存款低于5000元的我行非核心客户经过分类、筛选、电销、邀约，根据其不同的行业标签、代发单位、家庭住址、流水等人员属性，精准匹配最适合客户的产品一句话切入，有针对性地、高效地开展睡眠户的盘活工作。"

案例中引用的是公司刘总的指导性原则——"盘活有序"就是思路，可以帮助我们的工作有序展开，所以在工作中要用心留意领导者的讲话内容，它对我们展开工作往往很有帮助。

5.重复式思路

重复的力量是非常强大的，不少理念都是通过重复来完成的。2020年7月，我在长沙建筑工程学校为中建五局的一些学员上课，刚进入校门时，我就看到了该校的校训：学会生存、学会发展，学会做人、学会做事。

在这16个字的校训中，有一半是重复的，用的是"学会"，给人一种很强的力量。在我们撰写案例的思路时，也可以采用这种方式，用词语的重复来表达和强调。

比如："在服务客户、营销产品时，遵循信心、爱心、细心、用心的'四心'理念，以信心武装自我，以爱心善待客户，以细心观察需求，以用心满足服务。在此基础上持续获取客户信任，进而去了解和挖掘客户的关系网财富。"

在上面的案例中，开发者以"四心"的重复来体现工作思路，并逐一展开，进行内容的诠释，可以让人明白其深层含义。

方法

方法的展示可以很好吸引使用者的注意，贴切的方法可以让用户印象深刻。所谓方法，是针对萃取案例的全过程，给其中的"一级流程"起名字，使之有一个"高大上"、霸气的名字，以便于传播。这里介绍常见的四种起名字方法。

1. 数字法

将步骤化的数字进行概括，融入到标题之中，体现出一种归纳和总结的特点，是常见的命名方法。比如"七步拓客法""五步追踪法""优化渠道五步法"等，这里须将流程的具体指向联系起来，如上述的"拓客""追踪""优化渠道"等，有着明显的主题词，就会给人以简洁、完整的感受。

2. 重点法

重点法是将方法中的重点要素、重点内容等抽取出来，体现出方法上的一种特色，比如"情绪安抚法""共创式萃取"。上述的标题所体现的方法中，给出了某种具体的场景、手段或主张，如"情绪安抚"是特定的场景，"共创"是一种手段。这种方式舍去其他，突显出最关键的精华，能突出方法的特色。

3. 利益法

利益的关键，是可以给受众以某种利益，可以是精神上的、感受上的，比如"校园促销共赢法""轻松选题法"。在这样的方法中，案例使用者可以从中受益，有一种精神上、心理上的获得感。

4. 形象法

形象法，是以生动、形象的事物来彰显出方法的厉害和特色，比如"地毯式搜索""病毒式营销""混合式萃取"。这种方法中的关键词是通俗易懂的，融入标题中，给人以丰富的联想，体现出生动的隐喻，给人的印象常常是非常生动的。

流程

　　流程指的是业务的各个主要步骤，分散开来体现为一个个具体的环节、步骤，而合成后则体现为一个完整的、整体的行为。

　　萃取工作中的流程，是案例萃取的一大关键。是经验得以呈现的一个最大框架，在结构上的意义是巨大的。

　　首先，萃取一套流程，需要注意流程的几个特点。

- 流程的重要性。即我们需准确找出工作中重要而非次要的部分，抓住一系列能够影响事件进程、任务关键的因素，暂时忽略掉不重要的细节步骤。
- 流程的排他性。每一条流程，都需具有排他性，不能兼容、兼具两个层面，或者说两个步骤不能做简单的合并，否则只需要融合在一个流程中即可。
- 流程的唯一性。这是说每一条流程都只能体现一个层面、一个维度的含义，在文字上一般不出现"和""与""并""及"等字样，比如"网络营销的策划与实施"，其中的策划是一个层面，实施又是一个层面，两者不需要合并在一块，需进一步拆解开来。

　　其次，关于流程的数量问题。为了易传播、易学习，一套流程的步骤不宜过多，也不宜过少。过多的步骤不容易被掌握，显得过于复杂；而过少的步骤则不足以完整地展示出所有的任务内容。一般来说，步骤化在3~7步为宜，最多不超过10步。

　　再次，萃取流程的方法。这里将"头尾法"介绍给大家。

　　头尾法是指先找到流程的第一个有效步骤，再找到该流程的最后一个有效步骤，最后萃取中间环节的过程。之所以这样做，是要剔除无效、无关的准备步骤，而直取其关键的、有效的步骤。

1. 流程的起点
流程的起点是该流程的第一个有效步骤，需注意的是不能将一些准备性的步骤纳入其中，第一步应该从必备性步骤开始。

比如我们日常做菜，当你要做一道红烧肉的时候，第一步是将清洗好的五花肉改刀切块，将整块的五花肉化整为零。而如果我们将去超市卖肉、选肉等环节加入进来，就扩大了整个流程，并且是意义不大的准备性步骤。

2. 流程的终点
流程的终点是指该流程的最后一个有效步骤，注意的是不能将后续一些延展性的步骤纳入进来，就像一辆火车抵达终点站，到站停靠在站台，这一趟旅程就算结束。不能将该车入库、清洗等环节纳入旅程当中。

3. 流程的中间步骤
当我们找到流程的起点和终点后，就仿佛找到了一条线段的两端。那么中间环节便在该线条上进行取舍，按照流程的"重要性、排他性、唯一性"等原则展开，将有效的步骤罗列出来，再进行适当地比较分析，其中要注意：既不要遗漏关键环节，也不要重复性的步骤——上下步骤间是连续的，不可兼容。

这里举一个实战的案例"工艺革新：自动去毛刺机的研制"，作者将案例萃取的流程分作七个步骤。
1. 分析：分析项目必要

2. 验证：验证技术可行
3. 确认：确认产品信息
4. 设计：设计设备结构
5. 准备：准备设备材料
6. 调试：调试组装设备
7. 运用：运用标准设备

上述步骤中，每一个步骤又有特定的几个要点展开叙述，这就是下面要讲的做法。

做法

当流程的几大步骤完成之后，案例使用者只能从中看到一个框架性的东西，具体的做法是需要通过细致的要点来讲述。那么要点如何写，才能抓住其中的关键？其实，要点的撰写是有结构的，常常是在每个一级流程下分成具体的行为做法，然后按照"定义、价值、分类、行为"细分。在撰写的过程中，提醒大家注意量化数据的填充，以确保各项指标的准确度。

1. 定义

定义是对流程中的关键词和整体含义的基本解释，以让案例使用者明白关键词的含义、隐藏的意思等。

比如上文案例中的第一个步骤"分析：分析项目必要"。这里就需要对项目的必要进行解释，包括从哪几个角度去分析项目本身，案例开发者在该案例中进行了三点解释：
　　①高：人工成本高。
　　②难：技能达标难。
　　③差：工作环境差。

在每条的解释中，需要按照上述的"定义、价值、分类、行为"展开。
以第①条"人工成本高"来说：人工成本"高"是指当前汽车机加工领域，随着人工工资日益增长，机加工成本也在逐步增加。

2. 价值

价值是对这种方法、方式的优势进行的一种描述，简单说就是讲出这样做的好处。一般可以多角度进行描述，给出几点好处。

比如：通过对三种不同材质产品的用工分析，员工工资按一年企业所承担的全部费用为 8 万元计算，中间体的手工去毛刺人工成本约：1 元/件，不锈钢材质涡轮壳手工去毛刺人工成本更高约：2.5 元/件。（价值）

3. 分类

分类是在要点中分项、分条解析的一种方式，是开发者考虑各种不同情况、体现周全性的一种方式。

比如："去毛刺人工成本可以根据产品结构和材料不同，分为灰铁中间体去毛刺人工成本、球铁蜗轮壳去毛刺人工成本、高镍不锈钢蜗轮壳去毛刺人工成本。（分类）"

上述的分类有利于在后文中分别展开叙述，从而将各种常见的情况一网打尽。在分类的时候，我们不做穷尽的选择，只将其中关键性的、主要的类别纳入其中，从而将大部分情况告诉案例使用者。

4. 行为

行为动作是开发者给出的具体的、量化的做法，从中可以看出具体的操作方法，帮助案例使用者清楚知道连续的动作环节，以及其中的量化指标。

比如："目前公司中间体每条大线产量×件／天，需要去毛刺人员×名。菱重客户不锈钢涡壳上汽1.5项目，年产量××万件以上，是公司的重点开发项目。目前该项目零件共×条大线生产，产量约×××件／天。由于不锈钢材质难加工，极易产生大翻边毛刺切零件废气孔内流道相交处毛刺飞边毛刺难去除，每天需要×名操作员工完成零件的毛刺打磨。（做法）"

上述内容是开发者讲述当下去毛刺的过程，到底怎样展开工作的，其中有大量量化的数据。[1]

工具

工具的萃取和运用，不仅是经验萃取技术的一大理论优势，更是其实用价值的具体体现。当案例的开发进入到一定阶段时，工具的使用和开发便成为大家最喜欢的一种方式，因为工具非常的实用，可以让使用者拿来即用，或稍做改造进行升级使用。

---

[1] 考虑到保密的需要，对其中的具体数字以×代替——作者注。

第六章
案例的萃取

工具的开发也是落实经验的一种好方法。工具有着更直接的使用价值,常常是简单好用的,在案例萃取的课堂上,主要的常见工具包括了公式、表单和矩阵。

1. 公式

常见的数学公式中,是用数学符号把一些数量关系进行归纳整理出来的,比如我们熟悉的圆的面积公式:$S=\pi r^2$。

经验萃取中的公式,是把可以解决问题的一些核心元素,通过内在的联系进行的公式化处理,常常要用到数学中的"+-×÷"和"="。

比如下面的这条"唤醒信托睡眠客户公式":

唤醒信托睡眠客户 = 分析到位(70%)× 对症下药(30%)

对这一公式的提出,作者有着细致的解释,并给出具体的小案例。

解释:分析到位指除了基础KYC外,还要了解客户的资产状况、企业运营状况、税务状况等,分析其痛点产生的风险,针对客户的不同情况对症下药。

案例:比如某企业主为我行原信托流失客户,理财经理通过KYC,分析该客户存在经营风险、税务风险,综合客户这两项风险,给客户做了一份资产配置建议书,建议客户可以配置家族信托和保险金信托。通过具体的讲解,客户接受了我行的建议,从他行转入资金购买了我行的信托产品。

在开发公式的过程中,我们需要对其中的要素进行深入思考,考虑各元素之间的关系,用一种内在的逻辑把公式中各要素结合起来。有时有必要对公式中各要素进行一个比例上的量化,以强调其要素的重要程度。

比如:沙龙成交 =20% 能说 +50% 会选 +30% 巧挖

其中的比例很清楚地体现了各要素的价值,可以让你的案例读者有一个更为清晰的认识。

2. 矩阵

矩阵,又称"二维矩阵",是因两个维度的要素交叉而形成的四种情况,得出四种不同结论。矩阵的意义在于,通过两个维度的交错,呈现不同情况,有助于我们进行结论的优选、改进,以指导我们的行为。

如图 6-1 所示,作者把"定制产品与否"和"匹配客服与否"两个维度进行交叉,从而得出四个方面的结论。对定制而不匹配客户的产品采取"改"的策略,以达到客户的满意;对"匹配却没有被定制产品"的客户采取"养"的策略,等等。

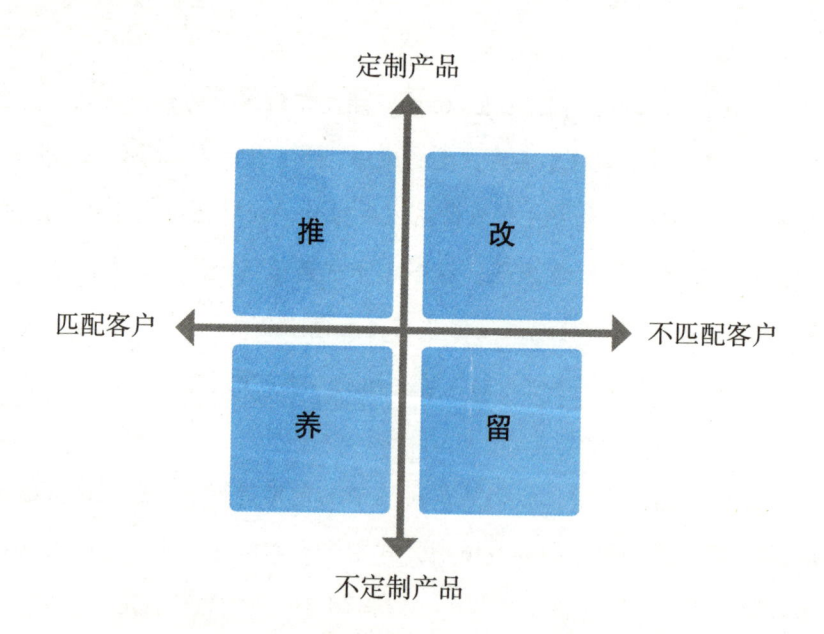

图 6-1 产品定制的矩阵

这样做可以清晰地、一目了然地让人知道如何去做，是一种有趣又有效的使用工具，对我们日常检索、发掘工作中的关键维度也是一种考验。

案例萃取中做矩阵过工具时，有如下几个注意事项：

第一，矩阵应有一个具体的名字，便于传播，如上述的"产品定制矩阵"，且名字应简练、好记、易传播；

第二，所选择的两个维度，必须是重要维度，可以形成重要的结论，必须有意义、有价值，且常常不能以"成功－失败"等结果本身作为其中的维度，那样做意义不大；

第三，所得出的四个结论，应以能推动工作、如何去做为落脚点，而不是客观的、静态的描述。如上述案例中的"推、改、养、留"便很好，足以指导工作。如果得出的结论是静态，如"优质客户、一般客户、潜在客户、非我客户"等，则没有多少意义。

所以，工具的使用必须能以直接推动工作、指导员工怎么做为根本。

习惯

习惯属于软技能范畴，内化于心外化于行为，但行为标准不容易量化，需要不断界定和抽离，才能拆分出具体的流程。

习惯的萃取，一般分为界定习惯、行为标准、行为量化、共性步骤等四个环节。以刷牙习惯为例。

萃习惯：刷牙
界定习惯：每天三次刷牙。
行为标准：每天早、中、晚饭后三次刷牙，每次不少于三分钟。

行为量化：每次吃饭后的十分钟之内就去刷牙，每次刷牙的时间不会少于三分钟，能够设定闹钟作为提醒，避免遗忘。每次刷完牙之后，就会奖励自己一下。

共性步骤：1. 闹钟提醒

2. 三分钟刷牙

3. 记录刷牙信息

4. 奖励自己

很多工作行为的背后都是习惯，这是十分值得萃取的共性经验。一般在一个案例中，至少可以萃取一个习惯，让受众对象可以洞悉背后的思维。

共性经验是案例萃取的重要的先导经验，是共性的执行方式，不能没有，缺失了就不能传递基本作业流程，一般占据 70% 的案例成果篇幅。

个性经验

在上一节的共性经验中，从达标分数角度来说，达到60分即可；而融入个性经验的内容，常常可以让案例开发超过80分，变成更为优秀的案例萃取。个性经验是对案例中的情况进行区别，以适应各种多变的情况。

重点

重点内容是个性经验的一种体现，是案例萃取者从自我经验出发，所做的"划重点"，其中常常有很深的个人体验，可以更好地解决问题。重点也体现在流程当中，与共性的经验内容不可分离。

在指出重点的时候，需经过审慎的思考，将全流程中的特定条目进行标注，以提醒案例使用者注意揣摩。其对重点的解读需细致、周全，便于使用者更好地阅读、内化。

比如在"工艺革新：自动去毛刺机的研制"案例中，作者将"人工成本统计分析要详细"列为重点之一，并有如下的几点说明：

【重点】人工成本统计分析要详细。

①第一询问对象最好是直接使用者或操作者。
②尽量深入现场，对异常现象进行收集整理，如温度异常、振动异常等。
③对现场细节进行拍照或描绘示意图，以显示各部件的相对位置及关系。

通过三个层面的解读，可以让你的案例使用者对重点内容有更清晰的认识和把握。这里要强调的是，当你在案例中指出重点的时候，必须对其进行一番解释，从而让你的使用者明白：为什么这里是重点？如何处理重点问题。要体现出你"知其然，更知其所以然"。

难点

顾名思义，难点是受众在流程执行中最有难度的环节，只有很好地突破了难点，才能让整个流程更好地进行下去。一般来说，难点体现的是做一件事、一个项目和一项任务中最难处理的地方，是需要花费更多的时间和精力来处理的地方，可以是技术攻关，可以是人员攻关，可以是政策限制等，要根据具体的情况实事求是地进行分析。

难点属于个性经验中案例开发者的个人认知，一般要写出其难度所在，以便于案例使用者着重去看、去研究、去解决。

我们依旧用上文的案例（"工艺革新：自动去毛刺机的研制"），开发者凭借个人的经验，将难点界定在"人工去毛刺工艺技能水平分析上"，觉得这方面的工作很容易出错，其对难点部分的表达如下：

难点：人工去毛刺工艺技能水平分析易出错。
人工去毛刺技能水平需要考虑多种因素，如疲劳操作、新员工对工艺流

第六章
案例的萃取

程不熟练、员工工作情绪等,都会对去毛刺技能水平产生影响。

这里作者只给出了一个方面的细致解读,但其中包括了"人工疲劳、工艺流程不熟、工作情绪"等几个要点,这就向案例使用者精确地传递了难点的指向,便于使用者进一步去分析和理解。但对更成熟的案例开发者来说,仅指出"难点"是不够的,案例开发者充当的是一个"师傅"的角色,案例在教学时具有一种示范效果,所以在指出难点的时候,必须给出相应的策略才行。

下面这个案例中,作者不仅指出了难点,还给出了相应的对策,是值得我们学习的范例(如表6-1所示)。

表6-1 仪容仪表规范

标题	仪容仪表规范
难点	"淡妆带微笑"是难点。一个合适的职业妆容需要一个实践的过程,过淡不能表现人的朝气,过浓则会吸引客户"眼球",影响客户体验
对策	1.刻意练习:向身边的"标杆"讨教化妆技巧,或学习观看网络化妆教程视频,在家里"揽镜自照练内功"
	2.怀揣"气色神器"。女生随时"揣"着一支唇膏或口红,在业务间隙及时补妆,时刻保持鲜亮的"精、气、神"
	3.微笑服务。微笑来自内心,在服务的理念里,再美的容颜都比不上会心的微笑。让我们以客户为中心,以职业为骄傲,调整心态,把客户看成亲人,注入我们的朝气和热情,把微笑如春风一样吹到客户心里

如表6-1所示的案例,作者在给出解决难点的方法时,首先进行了分类,然后对每一类情况作了细致分析。

/ 135

另外，需注意的一点是：案例中的"难点"是对新手而言的。这涉及一个视角的转换问题，需要从案例开发者的角度转向案例的使用者，因此需要一种"转换思维"。毕竟对案例开发者来说，所开发的案例已经不具有什么难度。

技巧

和重点、难点相比，给出一定的技巧是更好不过的。这也是萃取经验中的关键一环，尤其能体现出案例开发者的经验程度。对一个有着丰富经验的人来说，每一个流程中都会存在不止一个技巧。从某种意义上来说，技巧是对一个长期浸淫在某项工作中的人的巨大馈赠。

有意思的是，不少人想输出多个技巧，却一时间不知从什么角度考虑问题。对很多实战派来说，技巧是工作中随时发现、随时使用的，这里给出萃取工作技巧的一些维度（如表6-2所示）。

表6-2 技巧萃取维度

序号	技巧萃取维度	技巧萃取具体参考点
1	更多一点（数量）	盘点清单、全面
2	更快一点（时间）	省时间、提醒
3	更好一点（质量）	优秀、他人审核
4	更省一点（成本）	费用
5	更准一点（准确）	标注
6	更轻松一点（容易）	省事、提前准备
7	更具体一点（指标）	具体指标、问题

技巧在效果上总能起到一种"更新、更好"的作用，但其成本主要是智慧和思考的结晶，给人以"四两拨千斤"的感觉。比如在银行中，如何让客户留得久一点？借以有更多的交流时间，从而让客户经理传递更多的产品信息给客户？有一名经理的工作技巧是：给客户倒一杯微烫的白开水，不至于一口喝完就走。其中的奥妙可想而知。

再比如下面这个技巧：

在处理客户一些紧急的业务，比如临时增资验资，尽管我们可以快速办理，但在跟客户说时不能很明显地表示出业务可以快速办理，可以跟客户说"我尽力试试""我来想想办法"，降低客户预期，等到事情超出客户预期办好时，客户会很感激你。

总之，技巧所荟萃的一些智慧的精华，是我们在工作中长期经验所积淀的东西，值得我们写入案例之中，便于让更多的同事通过了解、学习而快速提高工作效率。

注意

注意，是注意事项的简称。在前文中已经有所涉及，这里进一步讲解和示范。为什么要在案例中有"注意事项"的存在呢？其实道理很简单，我们要处处提醒案例学习者"坑"的存在，经验丰富的人，常常是踩过无数坑才成熟起来的，将那些无谓的"坑"提醒给学习者是很必要的。

比如，提醒案例使用者在进行市场调查的时候，开发者给出了三点注意事项：

①实地调查前需对企业基础情况、财务数据了然于心，带着问题去调查；

②现场调查方式较多，根据企业类型、行业类型区分企业，采取不同方式、切入点进行调查；不要忽略细节，可以采取突然袭击，陌生拜访；

③不要盲目听信企业的一面之词，多问多看才是关键。

这三点提醒，对初学者是非常有价值的，第一点强调的是问题意识，这是很多人容易犯错的地方；第二点要根据企业类型关注细节问题；第三点对盲目听信别人的人，是一种善意的提醒。有了这些提醒的存在，可以让初学者更快地进入成熟状态，其调查的效果当然会更有价值、更真实客观。

话术

话术是一整套有特定目标的句子集合，常以问答的方式体现出来。不少人会混淆"话术和套话"之间的差异，误以为话术就是套话，这当然是极为错误的观念。套话，不管怎样的套话，都带着一种应付以刻意保存自己、体现成熟的意思在其中；而话术则是商业化的术语，它们常常是简练的，然而每句话中都有特定的目标，是以达成自我的目标为出发点的。

当然，随着时代的发展，许多客户都意识到话术的存在，不少人并不喜欢话术，希望以更真诚的方式交流。这对营销经理、客户经理等长年跟客户打交道的人提出了更高的要求，银行中经验丰富的人早已意识到这样的问题：如果只是千篇一律的营销话术，客户会觉得冷冰冰的，令人讨厌。所以，我们既要开发适合于客户交流的高级话术，也要考虑开发"暖心话术"。

笔者在《访谈式萃取技术》中萃取了十种话术，本书不呈现重复内容，只是做一些新的补充。

1. 攻心话术

攻心话术，突破了以往话术中坚持推销，不太考虑客户感受的缺点，是从客户角度出发，真正能体现出为客户的立场和感受着想，真诚地将产品、服务中的卖点、亮点进行有效触达的话术。

同时，攻心话术有内在的营销逻辑，对各种情况考虑周全，针对不同层次、不同需求的用户给予精神关照，以及更有效的逻辑对接，而不是不管怎样的客户都简单、粗暴地使用一套话术。

2. 暖心话术

中国常说：买卖不成仁义在。并非所有触达了你产品信息的客户都需要你的产品，都考虑你的服务，不需要的大有人在。所以，即使面对客户的冷漠，无论面对面营销还是电话营销，微笑（笑声）、真诚（音色）等商业精神都该有所展现，从而体现出自己的高品质、高素质，给人以温暖的滋味，而不是不耐烦、不喜欢。

即使没有达成最终的目标，至少也可以将其视为潜在的客户、未来的客户。当有一天他需要你的产品、服务时，他会第一时间想起你们的见面、你们的通话。这也是成功的营销。

3. 营销话术案例和分析

××产品营销话术

a. 了解客户需求

理财人员：王阿姨，咱们这次到期金额有200万元，您要买保本的还是非保本的（一般人都会说保本的）？

客户：保本的。

b. 推荐保险，先期缴后趸交

理财人员：我们有一款"银保"产品，收益率4.65%（注意，不是说保险产品，而是说"银保"产品，并且没有向客户推荐其他产品，直接推荐了保险产品）。

于是，拿出了保险一款15年期缴的保险产品推荐。

c. 客户抱怨时间太长

客户：我觉得时间太长了。

理财人员：那这款5年期产品时间短一些，收益率更高，最高4.88%（点评：15年缴费期限长，可为抛出5年产品做铺垫）。

客户：5年时间也太长了。

理财经理会有以下几种回复。

通用回复：如果再短的话收益率就低了，这是最高的收益率了。

担心期限太长有风险的回复：这个产品是保本保息的，长一点可以锁定未来收益。

担心流动性问题的回复：这个产品持有满2年后再提前支取就不会损失本金了，万一有需要再拿出来也很方便。

客户仍犹豫不决时补充：（拿《保险法》宣传材料）这个产品受法律保护，

我们投资的资金非常安全。

其他补充1（视情况使用）：其实买短期，到期了大部分人还是会续接购买的，我们80%购买短期理财的客户到期了都重新买了。

其他补充2（视情况使用）：这个产品预计只卖到8月底，您要是买了其他产品，等到期了再想买这个可能就停售了。

其他补充3（视情况使用）：最近理财收益又降了，1个月产品收益又下降了0.1%，未来还会继续下降，5年期的产品不是一直都有的。

d. 担心能否兑现收益

客户：这是保险吧？这家的保险也没听说过，而且现在承诺的收益到时候能兑付吗？

理财经理：我们过去8年卖的保险产品都按之前承诺的收益率兑付了，而且还有保底收益2.5%。

e. 敦促客户快速决策

客户：好的，那我回去考虑一下。

理财经理开始催促客户定下决策：这个产品之前还在5%以上，现在降得很快，已经是4.88%了，估计马上又要降了，要买最好现在就买。

同时，还拿出销售记账，说明已经有很多客户也购买了。

f. 拒绝后挽留决策

客户：我就是想买理财/存款/国债。

理财经理：（策略转为尽量促成保险户数）要不这样吧，给你购买×××产品×××万元，零头1万元（5万元或10万元）配个这款保险吧，这个产品真的不错。我不想让您错过，就配一点将来感受一下产品，要是觉得好以后可以再追加。

g. 客户同意后的购买时间方式确定

理财经理：王阿姨，咱们这个产品需要通过网银办理，我今天下午4点到您家帮您办理吧，下午见！

在这样的话术中，既有攻心话术的内在逻辑，比如针对不同的客户，针对客户的疑惑、犹疑、拒绝等的各种设计，也有礼貌性的暖心话术，可以让客户产生安全感和温暖的滋味。

金句

金句，说到底是一种巧妙的句子表达方式，是案例开发者针对案例的主题、内容等进行的高度而形象的总结，可以促使案例更好地传播，可以让使用者对案例有更感性的认识。

金句的写作当然是有套路的，通过一些技巧性、结构性的方式，可以快速套用。但套路是大家的，内容才是自己的，所以必须将套路中的格式内化成自己的思路，结合自身的案例内容去创造、提炼。

金句常见的几种套路有：押韵、对比、重复、断言和改造。我们逐一看一下。

1. 押韵金句

押韵是利用汉语的韵母形成的韵律而生成的一种特殊语言效果，这一点大家并不陌生。在唐诗中，常常可见韵律的存在，即使现代诗歌，也是注意韵律的。将押韵的效果运用到萃取案例中来，可以起到很好的表达效果。

比如，线上萃取：辅导到位，啥都能萃。

再如，营销客户：信任做得好，客户少不了。

不管怎样的韵律，其价值都必须服务于我们的内容本身，如上面的"营销客户"金句中，作者要突出的是信任和客户之间的关系，只要和客户建立了良好的信任，一定不缺少客户的意思。

想要更好地撰写押韵金句，需把内容的意思完整把握好，再结合特定的词语去查找、组合，甚至是试错。

2. 对比金句

对比是一个常见的写作中的手法，两者或多者进行比较，突出其中的一个，让另一个起到一种烘托作用，从而给人以"一高一低、高下立现"的效果。

比如，经验：高手设计套路，"小白"陷入套路。
再如，招商：招商容易养商难。

对比中一般出现一系列具有相反意思的词汇，形成两种对立的状况，进而体现出两种鲜明的比较效果，如上例中的"高手—小白""设计—陷入""招商—养商""易—难"。这些情况的鲜明出现，案例开发者要强调的观点，则是再清晰不过了。

3. 重复金句

重复，就像反复击鼓时的效果，很震撼；就像一再的强调和叮咛，很难忘。重复反映在语言中，可以是短句中的字词重复，简短而有力；也可以是在长句中形成的词汇重复，产生一种强大气势的表达效果。

在萃取案例的时候，将短句中的字词进行重复打磨成为金句，是一种常见的手法，比如：

①培训：课程要闭环，培训要循环。
②管理：赛比考好用，奖比惩好听。

上面的金句中，分别用"要、环"和"比、好"等连缀成句，体现了一种重复的力量。

4. 断言金句

断言，有一种武断在其中。但我们不做对与错的价值判断，这种判断是简单的，且意义不大。丰富的案例开发者以自己的"断言"给出金句时，其实是想体现出自己鲜明的观点，从而起到一种唤醒的效果。比如：

①陌生客户：见面就是机会。
②大客户：不维护守不住。

在①中，见了面就一定能有创造出业绩的机会吗？其实未必。从逻辑上看可能是有问题的，但作者强调的是见面的意义和价值，隐含对"跟陌生客户见面"的某些方法和技巧，所以其逻辑上的片面性是不值得追究的。

在案例②中，其"武断"的感觉也是比较强烈的，但相信大家会认同只有良好的维护，才能守住大客户的基本道理，突出了"维护"在和大客户保持良好关系中的意义和价值。

5. 改造金句

改造金句，其实是利用固有的话语，将自身案例中的内容套入其中，从而产生一种富有新意的表达效果。要知道，在我们的生活中是有大量的熟语

资源的,古诗词、成语、口号、社会流行语、广告语等,对这些话语做一些简单的改造,就容易变成自己的金句。比如:

①要想富,换思路。
②计划表一开,好事自然来。

在第①个例子中,作者改造的是"要想富,先修路"的句子,这是20世纪流行的一句话。第②个例子中,是出自对一句广告语(人头马一开,好事自然来)的改造。

可见,通过改造一句流行的话语,是容易将自己的观点、案例中的意见等融入其中的,大家不妨一试。

个性经验,是受众最想学习的独特做法,一般占据案例成果30%的篇幅。不能越过共性经验的萃取,直接萃取个性经验,因为萃取者会误把共性经验作为个性经验进行萃取。个性经验,是案例萃取的精华,也是案例萃取的升华,十分考验萃取者的功力。

遗憾教训

在最佳实践个案的背后,的确有着可直接复制的方法,但有时也因条件的限制、时间和精力不足等,出现各种遗憾、失误、教训等,走过弯路、错路和回头路的经验携带者,可以输出更深刻的经验和教训。

失误

失误属于一种无心的错误,并非有意酿成。在实际工作中,工作者"有心有力",在能力范围内可以达到工作目标,但由于信息不健全、主观一时忽略等而导致错误发生。

比如著名企业家张朝阳,他曾经带领搜狐成为中国最热的三大门户网站之一,领导者和团队有能力创造更辉煌的未来。但在发展过程中,却持续失误,除了搜索外,社交、电商、短视频等各个领域都步他人之后,形成了很大的被动局面。近年来,张朝阳总是出现在新闻热点中,似乎成了一个知名的网红,从其锻炼身体到每天只睡四个小时的新闻中,我们看到了他在连年的失误中寻求改变的壮志,但未来如何还需时间验证。

不过，张朝阳敢于承认自己在战略上的失误，努力去改正和弥补的精神是可嘉的。不少公司和人员面对失误，是缺少正视和改正的勇气的，那样只能让事情变得更糟。

在案例萃取中，有必要着重指出工作中的失误，因为失误的出现未必就这一次，如不及时提醒别人，同样的失误可能再次发生。除了在战略等大方面的失误之外，技术类、营销和产品等工作中的失误同样会引起严重的后果，以技术中的失误为例，来说明这一问题。

"材料的力学性能是材料在不同环境下，承受外界载荷时表现的力学特征。所以在焊接板材的表面陶瓷层、铝陶瓷层和基体结合层与铝基体三个位置分别切割九个式样，加工成国标尺寸，送到外部检测机构，测试材料的拉伸、压缩和冲击性能。<u>为了保证数据可靠性，每次测试重复三次，记录每次实验结果并求得平均值，否则可能引起重大失误，后果不堪设想。</u>"

其中加了下划线的句子告诉我们：如果不能在工作中严格执行三次重复测试的过程，并记录其平均值的话，就可能造成严重的后果。可见，在案例萃取中，必须注意将容易出现失误的地方加以着重，以警醒案例使用者注意。

在撰写"失误"的过程中，可以将失误做一定的划分（如表6-3所示），以便对接案例使用者的认识，起到一种强化的作用。

表 6-3　失误的划分

失误类型	具体含义
战略失误	公司主要领导者、项目团队等犯下的失误，在较大的方向上发生失误，导致的后果最严重
战术失误	在具体开展项目等工作的过程中，因具体的指挥者造成的一些失误，对整个项目和团队造成了不可挽回的损失
操作失误	在最具体的执行层面，因自己一时的疏忽而导致的失误，每个人都可能犯下这种失误，需要在案例中体现，警醒自己的同时，也提醒案例开发者注意

遗憾

和上述的失误相比，因为"有心无力"而出现的问题，可以称之为遗憾。在一次项目中，对某些情况有科学打算，有将其做到更好的决心和意识，但限于资源和技术能力的不足，以及制度等不健全等，而导致结果上的不完美，着实是令人遗憾的一件事。

在给一家企业执行案例萃取的过程中，我就听过这样的遗憾之事。

一家做技术研发的公司，已经有了很深的技术积累，公司规模也很大。有一次面对国际投标，原以为其技术要求完全在公司的掌控之中，在详细阅读资料的过程中才发现：该国的产品规格较之我国是小一号的。

这绝不是一个简单的制作问题，每当其产品规模有变化时，所需要的各种技术参数都会发生巨大的变化。而时间又极其有限，技术更新以适应其需求已经来不及，这不能不说是一种巨大的遗憾。

其实，这种遗憾的出现，跟公司领导者的国际视野有很大关系，如果日常关注各国同类产品的规格差异，并能及时安排技术攻关小组进行研究，是可以早日突破其技术壁垒的。

所以在日常工作中，我们必须做到时刻提高自己，坚持学习，不要到机会来临的时候，再去心生遗憾、徒唤奈何。

教训

有时，你没有料想到，当事情发生后也没有能力去改变的，就是工作中"无心无力"的一种教训。这在工作中是经常发生的。如前所述，失误是一种无心而酿成的错误，遗憾是一种无力而造成的现象，而教训常常给人以最深刻的印象，因为它常常是既无心造成而又无力改变的。

面对工作中的教训，我们必须深刻反省自己，不要轻易谅解自己，直到真正可以避免类似的错误。毕竟工作中的不少机会、不少业绩，就是在这种教训中痛苦地流失了，甚至给人的职业生涯造成长久的抹不去的阴影。教训一旦发生，不仅要写在案例开发中，而且必须在心中留下一个位置，确保自己不再重复犯错。

举一个营销方面的教训。我们知道，营销人员经常和客户打交道，在沟通、交流时必须注意，才能不因自己某一句无心之言影响工作目标的达成。

有一名负责揽储的工作人员，在接待一位大客户的过程中，本来该客户已经被他热情的言辞、专业的讲解所打动，心中已经倾向把资金放在该行。两人交流的过程也令双方感到愉快。但最终，该客户还是拒绝了资金的存放。

营销人员在后续的反思中，终于意识到自己犯了怎样的错误。原来，他觉得自己已经搞定客户的需求，对方的意愿也很强烈。他便有些放松下来，跟客户聊了一点题外话，是关于流行的转基因等热点问题，营销员坦率地表达了自己的意见，并没有意识到对方的不快。他后来想想是自己的想法表达过快、过于直接，跟对方的意见是不一致的，最终导致了客户做出了放弃的选择。

营销员后悔不已，干嘛要跟客户说一些敏感的热点话题呢？为什么不察言观色，先让客户说出自己的意见，再去考虑自己的想法呢？

这个案例的结果的确是令人遗憾的，给公司和自己造成的损失是巨大的。但有时就是这样，几句题外话、几点不同意见，却能引起客户的不满，从而影响工作目标的达成。这对我们任何人其实都该是一种警醒。

长远策略

案例中的"故事"真实发生过，我们又通过萃取技术来深挖其中的经验，以期案例中的经验可以指导将来，发挥更大的作用。但市场中的各种条件一直在变，一个被"捆绑"的案例却不再变化，成为公司和个人历史中一个"固定"的存在。

不过，亲身经历了这一案例的我们，从中发现了很多问题。如果当时有更多的人手，如果当时和某部门做了某些协调，如果……许多如果出现在眼前，可惜当时只能那样选择，因此我们很有必要就案例进行一些长远策略的补充，以完善一些东西。

所谓的长远策略，是说在短时间内不容易取得效果的措施和行为，比如制度的建立、流程的优化、人手的健全、能力的培养、机制的协调，需要短则一两年，长则三五年。但长远策略一旦实现，就会产生根本性的突破。长远策略是指向未来的，对公司相关业务、平台、流程等提出了更高的发展意见，是案例延伸出来的边际效果。

协同人力资源部招聘专业线上销售人才，提升线上销售能力。

根据市场发展和客户需求，整合资源，提升IT支撑能力，为线上销售拓展夯实基础。

搭建线上分销体系，通过群传播形成"人人是火种"的分销能力，促进销售和社群内的服务能力提升。

上述案例中的三点策略，是需要公司进一步落实的，不是立即可以开展和完成的，是专门针对线上销售人才、销售体系等提出的，对销售系统的完善具有很强的指导意义。

长远策略的撰写，虽然体现在案例中的内容并不算多，往往给人只有短短的几条意见的感觉，但由于它们对未来的指导意义很大，所以必须审慎地思考、精心地撰写，必要时是可以充分展开，写出深层次的理由，从而让公司领导、案例使用者看到更大的、更有空间感的东西，而不是将经验局限在案例本身当中。

遗憾、失误、教训、长远策略，一般不是是案例萃取的重点，因为萃取最佳实践重在经验的萃取。在为企业定制的案例结构中，可以加入遗憾环节，或者作为案例集手册附录的常犯错误列表。

案例萃取方式

萃取师带领学员进行案例萃取，因萃取主题、萃取对象等不同，可以用不同的方式展开，以实现最佳效果。一般来说，案例萃取的方式主要有三种：个人式萃取、共创式萃取、访谈式萃取。

个人式萃取

个人式萃取是针对组织中的个人所进行的案例萃取。一般由企业自主选定人员，将经验丰富的员工纳入萃取计划，并实施案例萃取。

个人式萃取是目前最常见和流行的一种萃取方式，其优势在于灵活，容易批量出成果，非常适合大班进行案例开发，对快速充实公司案例库是非常好的一个选择。

1. 个人式萃取的特点
- 灵活性

在企业案例库需要进一步充实、补充的时候，组织有经验的个人进行案例萃取，是非常切实的一种选择。同时，其灵活性主要体现在可以在多部门、各岗位展开，企业可以结合自身案例库的需求，考虑需要丰富的案例类型和主题，从而进行灵活处理。

比如，对技术驱动型的公司来说，一般是以技术案例开发为主，从而持续增进公司的技术积累。但随着市场的变化，仅凭技术力量容易忽略市场营销、资本运营、战略投资等方向的发展，所以可以灵活地增加营销案例、运营案例和投资案例等，进而丰富公司知识系统，扩充能力面，打破单一的技术积累，夯实公司各方面的能力。

• 批量出成果

个人式萃取的另一个好处在于可以批量出成果，大大提高案例开发的效率，能以最低成本创造最大的成绩。在具体操作时，每个参加的学员都会按照萃取师的要求，结合自身的主题进行案例开发，在两三天的时间里，撰写出自己的典型案例。

个人式萃取常以"大班"展开，一次性可以完成十几人甚至几十人的案例开发，只要将萃取时间和工作时间安排得当，不要发生工作和培训相冲突的情况，按照学员人数匹配相应的萃取师，案例开发的质量是可以保障的。

• 主题要擅长

个人式萃取需要学员对所开发的主题十分擅长，有着丰富的实践经验，有"故事"可言——即曾经参加过某些项目，接受过某些重要任务，或经历过某些重要事件等。如果开发者对其主题熟悉度不高，不是其擅长的工作主题，则其萃取的结果注定失败。

同时，个人式萃取是单兵作战的结果，是学员个人在萃取师讲解知识点、给出萃取技术的前提下，独立萃取的方式。所以对个人的能力和经验要求是比较高的，需要学员在特定的工作领域有深入的研究，有专业的知识背景，而不是刚刚进入该领域的新兵。企业不能将"案例开发课程"作为一种福利赠送给普通的员工，而是需要从经验丰富的人员身上开展萃取工作，否则只能是浪费公司的时间成本。

如何衡量一个员工是否擅长某些特定的案例主题呢？

第一，看一个员工的工龄，尤其在一个特定岗位上的工作时长，超过3到5年是比较好的，说明积累了一定的工作经验。

第二，查看其知识背景。一个人的知识背景，在一定程度上决定着他思考问题的方式，影响着他的价值取向。他所萃取的主题和他的知识背景高度相关是比较好的，比如学营销出身的萃取营销方法，是有基本的成功保障的。

第三，了解其萃取意愿。这是很关键的一点，一个人要输出怎样的主题成果，他自己的心里是最清楚的。能否胜任？是否有兴趣等，是可以通过交流来知晓的。

所以，我们在确定主题之前，有必要进行关于上述几点的调查，甚至有必要进行萃取主题的专题讨论会，去敲定和落实最终的人选。在这个前置工作中，十分忌讳的是领导者草率决定，不征询萃取者个人的意见，最终导致萃取的成果不理想、质量偏低。

只有在个人所擅长的主题中，一个人才能真正发挥出其经验性的才华，将最佳实践的案例开发出来。

2. 个人式萃取的注意点

在常规的认知中，个人式萃取是以公司组织培训展开的活动，但萃取的课程和一般性的输入性课程截然不同，不仅需要学员带着特定的主题上课，更需要带着自己的经验进行内容输出，因此其流程中有四个要点值得注意。

- 学员必须在自己的经验范围内，精准找到最佳主题，为组织的经验萃取贡献独特的力量。

・学员在课堂上，必须认真听讲，理解萃取技术的知识要点，并在萃取师的指导下独立完成其经验的输出，需严格按照标准化格式展开。

・学员在萃取期间，需要完整听课、有效输出，不可以中途中断课程，那样势必影响整体的萃取结果，甚至不及格。

・学员需自备电脑，争取在课程期间做到最高的完成度；如不能100%在课堂完成，需在课后的规定时间内补充完善，提交成果。

共创式萃取

共创式萃取是以小组或班级为单位，在萃取师的引导下展开的，是以团队的方式进行的萃取工作。他和个人式萃取不同的地方主要在于：共创式萃取所萃取的主题针对"大、难、要、险、高"等，萃取难度更大，必须由小组成员合作完成。

1. 主题较大

较大的主题，意味着经验的复杂和内容的庞杂，是在个人式萃取中难以高质量完成。在第四章第三节中，我们已经专门讲解了主题的颗粒度问题，这里不再赘述。需要说明的是，主题较大的案例一般集中在大的工作任务或项目当中，参与的人数较多，工作任务量大，其中可能涉及多个岗位、部门之间的配合，也因此需要更多的人参与萃取，以提供多方面的经验——但需在一个主题之内。

比如，集团公司关于年度战略投资的系统经验，就是一个很大的主题，它涉及多个方面的知识支持，需要公司的投资部、行政管理部、业务部等进行综合研讨，以将零散的投资策略进行系统化的梳理，这样的主题需要多人进行经验输出，才能构成一整套的投资知识体系。

2. 主题困难

和大主题相比，有些主题难度系数高，萃取经验时需要更多高水平的人员联合完成。这相当于联合攻关，去共同"对付"一个课题，从而得出更有指导意义的经验。

萃取难题是一个攻关的过程，对解决企业中的重大技术问题、营销问题、产品问题、管理问题等都很有效，能为组织沉淀出最具价值的系统知识，摆脱萃取的经验停留在一般性的层次上的缺点。同时，难度较大的主题一旦被突破，其对组织的整体发展、技术攻关等有着非凡的意义和价值。

比如，对一家成立20年之久的企业而言，20年来积累了大量的实用经验。公司得以走过这20年，在管理方面应该走过不少坎坷，累积了不少好的方法、策略等。这些管理经验不仅可以指导公司继续向前，还对整个行业的管理经验有重要影响。在行业峰会上进行交流、探讨，可以极大地提升公司的整体影响力。

3. 主题重要

虽然我们一再强调，主题的萃取中包括了案例的典型性，不重要的主题和案例是没有必要进行萃取的。但对于公司内具有极为重要价值的重大主题、领导特别重视的主题，则最好采用共创的方式，让多名精英参与其中，来做更精准的萃取。这对公司来说是更为宝贵的一种财富。

4. 主题高风险

有的主题属于劣构问题、新问题，或关联比较多的部门，党建类、制度类、文化类、战略类主题，属于不能有失误、坚决拒绝错误的风险性主题。一个人的智慧恐怕难以驾驭这些类主题，就需要汇集一众干系人，集思广益，团队共创，降低经验跑偏、不到位的风险。

5. 质量要求高

有的主题要求产出成果质量高、精度高、细节精、视野广，这就一定要借助团队的力量才能出精品。精品案例开发、精品课程开发等都需要采用共创式萃取。尤其是一些领导重点关注、需要评审、需要轮训、需要参赛等要求特别高的主题都可以采用共创式萃取。

总之，对上述几种性质的主题，能以共创的方式进行案例萃取，集合众人的智慧，在效果上往往是更加理想的，正所谓"众人拾柴火焰高"，团体的力量可以在共创式萃取中得到更好的释放，只是要付出更多的研讨时间。

访谈式萃取

访谈式萃取，是通过访谈的方式展开，通过一对一、二对一的方法来完成的一种萃取方式。

这种方式的特别之处，首先在于其主要针对公司中的超级"大牛"，他们工作常常异常忙碌，无暇顾及萃取。

其次，超级"大牛"在公司中的位置比较高，一般不适合参加集体的萃取活动，其内在的经验和感受容易被忽略，而引起萃取质量的下滑，故而常常以专门的访谈来展开。

最后，访谈式萃取主要采用的是二对一或一对一的方式，由萃取师、助理萃取师和超级"大牛"共同完成，一般的流程如下：

（1）敲定萃取的主题，约定访谈时间；

（2）萃取师与超级"大牛"进行访谈，按照特定的步骤展开工作；萃取师结合其主题，在交流中输出萃取的经验框架，引导超级"大牛"以口语表述的方式输出经验；

（3）助理萃取师对整体的访谈内容进行记录，并按照案例的标准化格式整理内容，最终可以将案例向其他类型作品的转化，比如课程化，通过PPT的方式呈现案例精华，便于超级"大牛"在公司内进行讲解，从而传播其特定的工作经验。

在这种方式中，重点考虑了超级"大牛"在组织中的地位、工作忙碌等特点，同时表达出对其特有的重视、尊重，能有效地化解一部分超级"大牛"输出经验意愿低等问题，且其个人的工作量相对较少，只需动动口舌，就能看到自己的经验变成案例，化作课程，进而可以从容地在组织内进行讲解。

对组织而言，以访谈式萃取展开的方式，能有效地留住超级人才的核心经验，解决其意愿低、没有整块时间、不爱配合等缺点，从而高效地完成组织经验的萃取工作。

三种萃取方式都可以产出案例，只是适用的情况和付出的时间不同，企业根据具体情况进行选择。学员配合想要批量出成果，就采用个人式萃取；主题重要产出的成果不能有闪失，就采用共创式萃取；"牛人"特别忙没时间参加大班萃取，就采用访谈式萃取。如果做成了萃取项目，那三种萃取方式就都可以采用了，因为所需要的时间是足够的。

第六章
案例的萃取

案例萃取注意

案例萃取也会有失败的时候，虽然概率比较低，但也不能不有所注意，以确保每一次的萃取取得既定的效果。案例萃取时需要注意的事项有：不要试图在一个案例中萃取全部经验、案例成果的权重不能一样、经验落地时要开发案例工具、特殊使用条件需在案例中予以明确说明。

不要试图用一个案例萃取完成所有经验

人常常都有一点贪心，总是希望一次性得到很多，这在心理上是可以理解的，但在萃取的课堂上，我们必须对案例的整体规格、输出的经验有统一的格式化要求，控制其篇幅字数上下限。

每次案例萃取，尤其是在大班萃取作业中，通过限定案例篇幅能更好地、整齐划一地输出批量成果，确保整体性的效果。

想想看，如果不将篇幅控制在一个特定的范围内，势必造成有的学员完成度极高，有的学员完成度极低，不仅后续的工作不好进一步开展，比如"呈现、优化、展示"等环节，而且过大的差异也容易造成萃取效果的大打折扣。

另一方面，案例从不同的角度去查看，可能会得出不同的经验，我们必须在课堂中结合案例本身，选定主要的、关键性的经验，使其输出的经验对公司最具价值，否则想要一次性全方位地展示案例中担负的经验的各个方面，是不大现实的。况且，其中有些经验虽然有用，但未必和选定的主题高度相关。

所以在萃取经验的过程中，我们时刻要有一个减法思维，不能一股脑地输出各种类型的经验，必须紧密地围绕主题展开经验萃取。

案例成果的权重不能一样

案例萃取是有特定的结构的，在前面的章节中，我们已经进行了细致的解读。但每一个部分并非具有同等的意义和价值，这里简明扼要地予以说明。

1. 共性经验中，以流程和做法为主

共性经验中的关键是流程和做法，这是让整个任务、项目等得以完成，经验可复制、易传播的关键。其他的诸如名称、方法、思路等是相对次要的东西，有助于我们在萃取时保证结构的完整、逻辑的严谨，但绝不能将其列为重点内容，不能在课堂上消耗更多的时间和精力，而要将更多的时间和精力放在流程和做法上，尤其要将做法中的各个要点进行细致的解读，便于案例使用者阅读和使用。

2. 个性经验中以重点、难点和技巧为主

在个性经验中，主要体现案例开发者划重点、说难点和给技巧，这些经验有着开发者深刻的主观体验，可以很好地对接使用者在体验、复制时的思路，并且其实用价值更高，因此需更加重视。而其他方面则是相对次要的东西，可以简略，但决不能把案例结构中各种类型点都做同等篇幅的处理，必须有详有略，有更合理的时间安排。

经验在落地时要开发案例工具

经验开发者在萃取课堂上，最多的时候是以文字来描述自己的案例和经验的，使用者通过阅读、思考和转化，可将其内化成为自己的知识，从而在实践中去使用。统一的、格式化的案例文档，也是组织经验的重要构成。但文字的描述毕竟相对间接，不同的经验使用者可能在理解的程度、消化吸收和运用的深度上，有一定的差异，从而导致经验在使用过程中走偏。

为了避免经验在使用中走偏，我们可以在案例文档的基础上，选择若干流程、要点等进行工具的开发，比如简单易用的表格、话术、口诀、公式、矩阵等，便于受众对象直接使用。

案例经验的工具化，并非什么难事，在萃取课堂上时间有限，开发的工具具有重要示范意义，故而在实际工作中需开发者更进一步完善和优化，努力将文档中的经验要点进行工具的转化，从而使经验的输出更到位。

特殊使用条件需在案例中予以明确说明

案例是在特定的条件中发生和发展的，这就是为什么在对事件的写作中，我们首先要描述其背景等，而在使用的时候，也需结合其特定的背景。虽然不少案例是可以改造使用、参考使用的，但我们必须对特殊的情况进行说明、标注，从而让使用者轻松明白其中的道理，降低案例经验的使用出错成本。

这样做，也是避免一些不爱动脑筋的使用者直接套用经验，机械地照搬各种经验，从而对工作造成障碍。比如，有些"牛招"的使用，如果直接照搬，而不顾其自身具有的前提和条件，那结果不仅不会是我们想要看到的，反而有可能造成使用者对案例的一些误解。

案例萃取中的几个注意点，都是我们在多次萃取培训发现的典型问题，需要学员引以为戒，企业培训组织者更要明确，避免无心犯错，导致萃取失败。

Chapter 7 | 第七章

案例的评审

经验准不准，就看怎么审。不管是用哪种方式萃取和产出的案例，都是其个人层面的经验，即使是共创式萃取经验，也常常需要其他成员的进一步审核，避免走偏。同时，所有的案例都要经过组织层面的评审，去粗取精，才能真正作为组织系统经验的一部分，在内部进行推广和应用。这才是更科学、更严谨、更负责的一种方式。

主题评审

在进入经验萃取的课堂环节之前,萃取师常常会交代案例主题的选择原则。其目的是选择那些公司真正需要,且真正值得萃取的最佳主题,而不是选择一般性的、泛泛的普通主题。

在某种意义上,主题价值的大小已经决定了案例和经验的内在价值,后续的工作才更有意义。那么,如何评审主题本身呢?以下几个角度是必须要细致评审的(如表 7-1 所示)。

表 7-1 主题评审表

主题评审角度	是否符合要求	其他说明
主题大小	□是 □否	主题颗粒度是否值得萃取
主题重要	□是 □否	主题对绩效的影响是否重要
主题紧急	□是 □否	主题是当下紧急需要的
主题实用	□是 □否	主题是否来自实际工作或问题

主题大小

主题是有大小之分的，这在主题颗粒度的章节中，已经做了细致的介绍。对主题大小的审核，既要考虑主题本身的颗粒度，也要结合案例萃取的方式方法。

一般来说，个人式萃取的主题颗粒度需适中，不可过大，否则难以完成，更难以透彻解决问题；而共创式萃取，因参与的人员较多、经验丰富度更高，是可以适当提高其颗粒度的。同时，主题的颗粒度越大，其案例和主题所承载的经验内容越多，输出的文字量自然也越高，萃取的工作量也越大。

要注意的是，我们在审核过程中，需避免"大主题小成果"的情况发生，要让主题的颗粒度和我们要萃取的经验量高度匹配。

主题重要

一个主题是否重要？是否有值得花时间、花精力去萃取的必要？这是我们需要注意的一点。主题必须体现其重要性的一面。如果一个主题对我们的工作指导是无关紧要的，是极为普通的内容，就丝毫没有萃取的必要的。

重要的主题能对工作的绩效和营销的效果产生一定的影响，这两个角度也因此作为主题重要性的参考条件。是否是重要的主题需要公司内的评审员进行评审和论证，萃取师只是精通萃取技术的过程专家，可以提供各种萃取的"套路"，但不能提供萃取的"内容"，其内容对绩效、营销、技术等方面的意义和价值，是没有多少发言权的。

所以，一个主题的重要程度，其认知和决定的权力不在萃取师，而在公司内部的评审专家，萃取师只能侧面给出一些可供参考的意见。

主题紧急

一个主题是否紧急,紧急程度有多高?关乎主题的案例萃取在公司内的使用情形,一般来说,也是公司内的评审专家和领导对此最有发言权。

公司的存续是随着市场情况的变化,随时在调整和变化的,一项主题案例的经验是否需要快速进入使用者手中,往往跟公司的业务和管理息息相关。

比如,在 2020 年上半年,因受到疫情的深入影响,许多公司被迫将部分业务向线上转移,这就需要大量的电商经验、平台运营经验、互联网营销经验等,才能使线下被挤压的局面得到缓解。这种紧急程度是比较高的,毕竟公司运转的成本都很高,如果不能保障现金流的快速回笼,产品挤压在库房里,无法和客户见面商谈业务等,那么势必对公司发展造成极大的伤害。

所以,不少公司既要从社会上招聘上述相关的人才,也要在企业内部快速实现观念上的、能力上的转变,这就迫切需要萃取相关的行业经验。同时,根据公司内的年度战略、年度目标以及岗位等情况,对所萃取的主题要有一个紧迫程度的认识,需要把最迫切的经验优先萃取,而将不那么紧急的主题放在后面。

主题实用

经验萃取技术之所以受到企业的欢迎,主要在于案例萃取的实用价值很高,可复制、可传播、易上手,所以选择主题的时候,考虑其良好的实用价值是必须的。

主题的实用性体现在两个方面,一是主题的实用程度要高,二是主题的适用范围要广，这两点都满足才是真正重要的主题。如果一个主题很实用，有相当高的使用价值，但只对公司中一两人可以形成指导，不能在更大的人群中进行复制、使用，那么其重要程度就大打折扣。是否萃取这样的主题，要结合公司的现状，进行审慎地思考后再做决定。

需注意的是，主题实用范围中对人群的覆盖，是一个相对的概念。比如某项技能的经验萃取，公司中普通人员都用得上，如财务报销的流程和注意事项等，这些自然是可以的；但如果一个主题的使用范围可触达七八个人，却覆盖了公司内从事该岗位的全部人群，其实用的范围也是高的。比如线上营销策略的经验萃取，全公司只有七八个人从事营销岗位，但该主题的经验萃取也是有极高的覆盖率，应予以支持。

我们真正要反对的是那种不是来自工作实际，而仅仅具有一些纯理论、学术研究色彩的案例开发，对企业来说这是一种相对务虚、指导性不强，可以留待公司内感兴趣的人自行研究，其研究成果可以在公司内刊、公众号等发表，以示支持就行了，至少不占用员工的工作时间，不体现为公司的培训成本。

主题的评审，一般都是在立项前就进行审核，不值得萃取的主题直接"毙"掉，这样避免徒劳。在后期的评审中，只是对主题价值的大小、适用范围进行评估，基本不会取消。换句话说，主题的确定，是案例萃取的一个前提，是必须要做好的前置性准备工作。如果没有做到位，就会给后续的现场萃取带来不必要的重大隐患。萃取师一定要力争在萃取开始前就确定主题。

第七章
案例的评审

个"案"评审

对个"案"的评审是重要的一环,其关键是审阅"牛事"本身的通透程度,能否将"牛事"中的来龙去脉讲清楚、交代明白?抓住这一点审阅就可以,毕竟在这个过程中并不体现出经验本身内容,而更重要的经验表述在个"案"的后面。那么,如何审查这个环节呢?以下几点是值得重点掌握的。

情节完整性

萃取者提供的个"案",其"故事"的情节必须完整,其中有清晰的时间、地点、人物、起因、经过和结果,从而能有效地再现案例的场景,让案例使用者在阅读时便能被吸引,最好其故事性也能引发思考,使阅读者沿着后续的案例文档,去体验其中的经验内容。

退一步来说,一般性的个"案"描述至少应该完整,才能和后续萃取的经验完全匹配起来,不至于让使用者感到后续的经验有"空穴来风"的感觉。

冲突典型性

冲突是个"案"叙事中的关键要点，冲突是否具有代表性，是否"激烈"，困难和挫折对我们的挑战性有多强，不仅影响案例的精彩程度，更对使用者认识经验的深度有基本的影响。想想看，如果你描述的"冲突"丝毫没有"看点"，困境谈不上困境，挫折谈不上挫折，任务也谈不上紧急，一切都是平平常常的滋味，那么是无法给人留下深刻印象的。

不过，严格说起来，冲突并非描述的结果，而是抓住抓准的结果。只有当你抓住了典型的冲突，才能展现其内在的、激烈的、关键的一面，这种冲突常常具有很强的代表性，是案例开发者和使用者都会在工作中遇到的普遍问题。

比如，一名机电工程师对某些电子产品温控的研究，当外界温度升高时，产品的温度会急速升高，有时甚至会烧毁其零部件。一时间难以控制其温度升高，甚至影响到了现有产品的运营，以及未来产品的研发工作。这时，领导给你一周时间查找问题，并拿出最佳的解决方案。这就是一种非常典型的冲突，考验着技术人员技术经验和能力的关键时刻，没有人敢无视这样的问题。

行为重要性

评审案例中的"行为"，不能只看其面对困难的反映是快速的、给出的方法在数量是多的，这样未必能真正解决问题。

行为能在多大程度上解决问题，以及解决问题时的思路、成本和精妙程度等，都可以纳入行为重要性评审中来。同样的一件事，不同的人可能会给

第七章
案例的评审

出不同的解决方法，而我们萃取案例要秉承的是最佳实践，例如解决问题快、时间等各项成本低、方法简便但有效。从案例开发者撰写的"行为"，其实是可以看出其经验的丰富程度的，而在这丰富程度之外，是可以看出其解决问题的思路，以及背后的专业性的。

如果在个案的"行为"中，有不少是平庸的、不大能解决问题的动作，不能给出最为关键性的行为和动作的，那么这一定不是最佳实践，这样的萃取便失去了其本意。这就意味着案例开发者可能是不及格的人选。

选择两难性

应对冲突的过程中，案例开发者给出的方案常常是经过痛苦地比较、抉择之后做出的，两个或多个方案、应对策略等可能各有千秋，这也是我们常说的"方法总比问题多"，关键是你选择了怎样的方法来解决问题。

所以在选择具体的应对策略过程中，可以对你的选择过程进行一个扼要的叙述，从而体现出这种挣扎、选择背后的逻辑，从而让评审者、案例使用者等人看清你内在的思维过程，进而也能判断出你的选择是否科学，是否是最佳选择？

比如下面这个关于"二手房贷款拓展业务"的行为描述，其过程是具体且具有内在逻辑的。

支行领导高度重视，面对激烈的同业竞争，我行经市场调研走访后决定以中介公司为突破口介入二手房贷款市场，为此我行做了大量工作。

・走访市场，寻找机遇

支行分管行长带领客户经理对福州市规模较大的房产中介公司逐户走访，了解市场交易量、客户贷款需求及同业竞争情况，寻找合作机会，但因我行的审批放款流程相比同业并无明显优势，抢挖市场困难。

・筛选目标，积极跟进

联系走访后，我行选中了B房产中介公司，该公司成立20年，业务发展迅速，目前年交易量在福州市同业中排名位列前三。我行多次与该公司负责人交流，沟通贷款流程及细节。市分行个金部高度重视，个贷中心大力支持，在积极争取之下，终于成功促成与该公司的长远合作关系。

・多措并举，服务获客

考虑到专业性和办理效率，为了提高我行个贷业务竞争力，在支行领导班子的安排部署下，特成立了支行按揭业务中心，设置专业的按揭贷款客户经理，同时制定了二手房贷款专项考核方案，制作宣传资料，多措并举，力争将个贷业务做精、做强。

从上述范例中，我们能看到选择时大量的因果关系的表达，其目的就在于让人明白其选择的逻辑性和正确性，而不是盲目地做出上述行为。

结果突破性

对案例结果的评审，着眼于两个方面，一是事情取得的成绩，二是人员得到的成长，但其根本在于结果的突破性。具有突破性成果的案例自然是更胜一筹的。

1. 事情的成绩

案例中，我们所做的事情取得了怎样的成绩和成就？通过有逻辑性的分条陈述，可以看出事情的最终结果。事情的成绩在成果中是第一位的，其次是人员的成长。

2. 人员的成长

随着成绩的取得，参与其中的人有了怎样的成长？如果管理者的管理能力、团队的综合素质、个人的技术水平等都得到了很好的提高，可以分条列出，从而体现出大家在一次事件、一个项目中的成长。

上述几点主要是对"个案"中"故事化的事件"等进行的评审，体现出"不经一事，不长一智"的特点，在评审时，个"案"评审一般最多只占20%的比例，具体比例可以根据企业的侧重进行微调。

范"例"评审

对范"例"的评审,是评审工作的重中之重,涉及整个案例开发的内容是否真正有效、能否落地和可复制。其审查的要点在三个方面——共性经验、个性经验、遗憾教训,评审的权重一般占到70%或以上。

共性经验通用性

共性经验反映事物发展、变化的普遍客观规律,在个案中体现出的一般性的、通用性的工作流程和方法。其要点在于通用价值,是不受地域空间、人员观念等限制的,是可以在工作中普遍采用的60分标准化动作。

对评审人来说,查看共性经验的关键就在于:当一个场景发生变化、地点发生变化、操作人员改变时,这一套流程是否还继续起效,且能得到同样的结果?共性经验应该是只要操作的人严格按照流程办理,其结果就应该是一致的,不走偏、不变形。

比如,一套针对银行客户开发的话术,任何经理人员只要经过演练,熟悉其中每一个问题,有一套统一的应答,那么客户从任何服务人员口中得到的产品信息、服务信息等就是统一的,绝不是问张三一个答案,问李四又是另一个答案。

针对一个项目开发的作业流程，应该是有着"教程"一般的普适性。

比如"针对银行客户，开展伙伴式维护"的流程：
①沟通：日常沟通排烦恼
②拜访：上门拜访怀尊重
③邀约：邀约电话来活动

上述流程中的三个要点，是一个具有普适价值的方式，不管你是多么厉害的经理，在大的流程上难以脱离上述几点，做到很好地维护客户关系。至于具体的差异，例如个人能力和经验的程度，就需要在共同流程的操作时，有一些个性化的操作，从而让最终的效果更好。

而对技术类的流程来说，一旦确定其步骤，就需要严格地执行，确保整个项目、任务的整体性结果。

个性经验复用性

和共性经验不同，对个性经验的评审，需要我们仔细推敲，进入案例开发者的内心去，查看他所提供的重点、难点、技巧等个性经验有着怎样的内在逻辑，同时要对其中的"使用条件"有清晰的认识。个案经验是优秀的可复制的个性化经验，需要明确使用条件和前提，让经验使用者区分在什么条件下使用什么经验。

比如在一份银行经理提供的案例中，其难点在于如何让收单用户参与我行的优惠活动。

想想看，银行做的活动再好，优惠力度再大，如果活动信息传播不广、不深，参与的客户量过低，那么整个活动就很难成功，难以达到预期效果。该经理提供的个人经验如表 7-2 所示。

表 7-2　个性经验

序号	个性经验
1	通过专业批发市场的管理人牵头组织开展活动，效果事半功倍
2	通过社区居委会的负责人协助开展活动，对周边商户的带动作用较好

上面两条经验是案例开发者提供的个性经验内容，其本人在操作中有很好的效果。但这种个性经验是有条件的，如第一条中，需要和专业批发市场的管理人员进行沟通合作，而在第二条中，需日常工作就与社区街道、居委会的负责人有良好的沟通合作。这些条件的具备，才能让这份个性经验在活动中真正起效。

遗憾教训根源性

遗憾和教训，是不少人不乐意面对和输出的内容，似乎在遗憾和教训中有着案例开发者不堪回首的过去。其实，将案例中的最大遗憾、一系列教训等找到，并细致分析常常可以找到其背后的根源，对指导后续工作、改善工作流程、避免错误重复发生等，具有极为重要的意义和价值。

1. 遗憾、教训背后的问题根源

一个重大遗憾、一份重要教训之所以出现，是与问题的根源高度相关的，是案例开发者在当时工作场景中，存在某些思维认识的盲区，导致不能清晰认识到工作规律而造成的。所以我们在开发案例、回顾梳理的过程中，要深挖其中的重大遗憾、深刻教训，从而找到问题的根源，避免再次发生同样的遗憾。历史上任何领域都存在这样或那样的遗憾和教训，找到根源，才能踏上正确的道路。

工作中有遗憾、出问题，甚至有深刻的教训是不足为奇的，关键是要找到问题的根源，进行深入细致地剖析，从而解决问题。

2. 改善工作流程，指导后续工作，避免遗憾和教训重复发生

案例中的遗憾和教训，对使用者有一种极大的警醒作用，通过研究和分析，可以找到问题的根源，进而去优化工作流程，以更好地指导后续工作，避免其再次发生。很多时候，问题的根源找到了，相对应的解决方案也就呼之欲出了。要注意的是，可以针对每个遗憾、教训，逐个对应产出解决方案。

当然，案例中如果有一些遗憾程度较低的内容，可以在"注意事项"中予以提醒，不必为了体现遗憾而刻意深入，案例开发的大原则是尊重客观事实，深挖个性体会（经验），不要被格式化的案例结构限定住。

范"例"评审的具体要素，要根据案例的实际结构进行设置，比如案例经验常用的12种经验类型，本次只体现了6种，那就只针对这6种经验类型进行评审。经验是评审的主体和核心，占的比重也是最大的，要注意的是经验评审不能一味考虑普适性，在注明使用条件和注意的前提下，是可以有区域性和独特性的，能够作为个性化经验提供受众对象参考也算是扩展视野。

案例评审表

案例评审是一项专业工作，在评审现场，常常汇聚了多部门的领导、专家等，为了让最终的评审有一个统一的形式，提供格式化的案例评审表是必要的。但案例评审表需有一定的针对性，针对不同的案例篇幅、企业的侧重点可以开发不同的评审表。

案例评审表维度

案例评审表的制作，主要从三个维度考虑问题，一是主题，二是个"案"，三是经验。

所谓主题就是案例萃取所选定和围绕的主题，有颗粒度大小的差异；所谓个"案"，是针对"故事化"的个"案"展开的叙述，重点在于其来龙去脉；而所谓经验，便是集合了"共性经验和个性经验"的"思路、方法、步骤、要点"等经验类型（如表7-3所示）。

案例评审表制作时要去除完美化倾向，考虑评价的实用性，在短时间之内评审的要素越多，打分的准确性越低。尤其是没有对评委进行评审的知识点培训和演习评审，很容易造成忘记评审要素只靠主观感觉的评审误区。

表 7-3 案例评审表示范

维度	具体内容	权重	评分
主题（10分）	主题颗粒度：选择主题属于工作场景	5	
	主题实用性：能够解决学员问题和痛点	5	
"牛事"（30分）	背景："牛事"发生的背景交代清楚	5	
	冲突："牛事"处理过程的冲突明确	5	
	行为：针对冲突的行为行动具体有效	10	
	成果：产出的成果明确、清晰	10	
"牛招"（60分）	思路：一类问题的共性处理思路，思路有普遍指导性	10	
	方法：方法命名准确、具体、简洁	5	
	步骤：解决流程在4~10条，重点无遗漏	10	
	要点：行为要点的解释具体、清晰，没有异议	25	
	口诀：口诀使用精准、好记	5	
	适用方向：明确具体的使用场景	5	

案例的优化

案例是需要进行优化的，尤其是在评审过后，经验萃取者结合内外部评审的建议，再次对案例进行优化升级，做成一个案例萃取的闭环。这样做，不仅是对评审者意见的尊重和回馈，更是对所萃取案例的进一步提升，使之更具实用价值。

优化原则

优化案例须把握"三主三辅"的优化三原则，这样既可以在优化时有很好的着力点，更能确保优化内容的全面、高品质。

原则一：经验为主、个案为辅

优化的过程以"牛招为主，牛事为辅"。虽然"牛事"个案可以很好地吸引使用者的眼球，能令人进入一定的场景中来，而去结合自己的工作。但"牛事"毕竟只是经验的一个引入，是案例开发中的一个铺垫，一种介入经验的介质，我们在优化时应将重点放在后面的"牛招"上，力争从一件"牛事"中挖掘出更深层的经验，以指导工作。

另外，"牛事"只是一个客观的复现过程，只要能令人看清其过程，了解其来龙去脉，就算达标。而对经验"牛招"的挖掘，如果从不同的多角度去看，从不同的时间去看，则可能得出不同的经验深度、适用程度。所以在优化过程中，我们把更多的精力放在经验的萃取和完善上，争取在一个案例中传递更深刻、更丰富的经验。

原则二：内容为主，格式为辅

我们做任何事，都要力争"内容大于形式"，从而让形式服务于内容，所以在优化案例的过程中，必须坚持"内容为主、格式为辅"的原则，从而把有限的时间和精力投入到内容（经验）的精耕细作中。至于形式则只要按照萃取师提供的格式化文本，按照层次清晰、突出要点来呈现就可以。决不能为了形式的精美，而忽略内容的优化。就像一个人去提升自我，重点应是其内在的精神气质、文化思想，而不是用什么衣服包装自己，用什么化妆品打扮自己。

当然，格式为辅不意味着在优化时全然不顾，不能从一个极端走到另一个极端。比如案例表格中的大标题、小标题，以及需重点突出的内容，是可以经过加粗、换字体等方式进行突出和强调的，从而让你的使用者可以更清楚地看到重点、难点、要点，进而减少阅读的压力等。

原则三：工具为主，文字为辅

优化案例时，在文字上进行一定的加工、润色，从而减少病句，提高阅读的流畅性，自然是必要的。可以让你的案例更好地对接使用者，避免可能因文字歧义而产生认知障碍。

但是，优化时应将文字修改放在次要的位置，而将"工具开发"作为一个重点。工具是可以直接使用的东西，较之经阅读后再转换，再去自行开发一套工具，远不如开发者自己首先开发出来，进而供使用者直接使用。

比如，在营销沟通的场景下，一个学员的案例强调"用利益驱动去抓住客户的心理"。这是通过文字来表述的方法，那么我们如何做得更好呢？在优化案例时，该学员开发了一套话术，去解决上面的类似问题，他开发的话术是这样的：

"××姐，我是××银行的客户经理小刘，针对收单客户我们银行推出了最新的收费费率的减免活动，最多可以做到零扣率。您看您上午或下午是否方便到行里来，我给您设计一个方案。"

在这个话术中，以"最新的收费费率减免的活动"，甚至"可以做到零扣率"的利益来驱动客户，以引导消费用户及时参与活动。

这样的优化较之单纯的文字讲述，是要高明许多的。

在经验萃取的课堂上，由于时间的限制，以及开发者对萃取技术等知识要点的吸收和使用，都需要消耗大量的时间和精力，难以在课堂上开发出更多的实用工具；而在评审过后，开发者常常受到评审专家的一些启发，可以将其意见、建议等融入案例中，进行更深层次的工具开发，从而将案例优化到一个更高的高度。

优化时间

优化是需要时间的，需要专门拿出一定的时间，去系统地提升案例开发的质量，那么我们在什么时候进行优化？用多少时间好呢？

根据以往的经验，优化案例的时间应及时，最好在一周之内，最多两周为宜。这样做的理由在于：可以评审后趁热打铁，趁着对外部给予的建议和意见有更大的思考空间，否则一旦个人的精力被其他的工作和生活占用，则思考的集中度就会降低，优化的热情也随之降低，可能导致不了了之。

优化策略

优化是讲究策略的，除了对评审专家的意见和建议进行一番消化，还需结合案例提升的空间本身，围绕如下的四点策略展开，这就是：补充、修改、增加、调整。

1. 补充

补充是指有效地补充在课堂上萃取不到位、不充分的地方。课堂上的时间毕竟是短暂的，并且个人注意力需跟着萃取师的知识点展开，消化、吸收和运用的程度相对有限，个人案例文本的开发完成度有限（最低的完成度一般能在 60%~70%，较高的完成度在 85% 以上），所以需要自己再找时间，达到 100% 完成。

补充在课堂上没有完成的部分、不充分的地方，比如有些只能在工作电脑中有的数据资料，比如一些工具的开发、图片的查找、解读的深入等。

2. 修改

好的案例，离不开好的修改过程。很难说，一次性的完稿是最好的，常常要经过反复的掂量、思考和修改，才能让案例和经验尽善尽美。

在修改时，一方面着眼于萃取师给予的意见、案例中明显的瑕疵，另一方面根据评审专家的意见、建议和方向，结合自己的深层认识，修改一些在课堂上来不及完成的内容。

3. 增加

萃取课堂上的要求和当时能做到的效果之间，常常是矛盾的，因为时间紧急、思考不周密等，所以可能造成某些流程、要点中出现疏漏，所以在优化案例时必须考虑适当的弥补增加。比如，萃取师要求在每个流程中至少有三个技巧，以达到更高的使用和借鉴标准，这时我们在优化中就要考虑更多的技巧，仔细查找可以给出技巧的地方，进行增加。

4. 调整

整体性的调整是必要的，也是必须的，通过整体性的调整可以大大提高案例的质量、经验的丰富度。比如，课堂上对个案中的描述是枯燥的，可以调整为具体、生动，课堂中的某些文字格式需要加粗、标点符号有错误等，都需要在优化时予以调整。

优化审核

优化后的案例也需要一次审核确认，考虑到评审专家工作繁忙，且已经在上一次评审中给出了专业意见，给出了修改方向等，对优化后的案例文档的审核，常常是由萃取师来主导完成的。

这种优化后的二次审核，是萃取课堂中的延伸环节，但对完整地获取案例中的经验精华、提升案例质量，形成工作闭环等，是非常重要的一环。

这一环节中，案例开发者提交其案例文档，萃取师则针对文当中存在的问题逐一点评。这一环节可以不受空间的限制，因此也可以在网上完成。通过在线会议工具，约定会议时间，萃取师主导会议，逐一点评，以负责的精神进行二次审核，学员则根据萃取师的意见，再一次利用时间进行修改、完善，最大化提高其案例质量。

审核不优化，等于白说话。每一次审核都要形成书面建议，便于学员针对性地修改，同时也有利于修改后的确认。精品案例是需要不断优化才能形成的。课上是初稿，优化是二稿，确认是定稿，不经过两三次的完善，是不会成就好案例的。

案例的迭代

企业在决定建设案例库之后，组织优秀的人才进行经验萃取，尤其是经过评审之后的优化，产出了一个个精彩的案例，这就算结束了吗？从一次萃取工作而言，经过萃取师和评委的二次评审，学员进行了细致优化，其萃取工作已结束，但从组织层面去看，萃取是开头，优化是中间，而迭代才是结尾。

所以，案例迭代是组织案例库建设中的一个重要工作，没有迭代机制的案例库建设，很容易"烂尾"，出现案例很多，但实用的很少的情况。须知，好案例是萃取出来的，好经验是迭代出来的，好成果在迭代中保持旺盛的生命力。

迭代负责人

案例库的迭代，要有专人负责。所以，基于部门、岗位的案例库建设，可以指定一人专职或兼职承担，便于工作的开展和落实，统筹案例建设的全盘工作。而公司级的案例萃取，则一般由企业大学或培训部指定专人负责。

在迭代过程中，案例萃取者是案例迭代的第一负责人，其本人对案例迭代有着不可推卸的责任，因为开发者熟悉案例的各个方面，对其中的经验、事件等高度了解。在迭代过程中，有他的充分参与，可以让迭代工作进展得更顺利，效果更好。

同时，案例萃取者的上司，是最好的经验审核人。因为他熟悉案例萃取的事情，了解下属的工作情况，对下属所开发的案例内容等，又有着丰富的管理经验。

所以结合以上各个要点，萃取者、审核者、案例库负责人需三者合一，才是案例管理的最好方式。"三者合一"体现出一种严密的组织结构，能从上而下去贯彻案例迭代的各种事项，能确保迭代工作的展开和落实。

迭代周期

按照什么样的周期来进行迭代？难以有一个统一的作答。毕竟不同公司案例库中的案例类型不同，性质不同，指向了不同的工作场景，有着不同的现实意义。但从总的迭代周期单位说，以年为单位是比较科学的，变化较快的案例可以按月/季度迭代，变化较慢的则可以按照半年或年迭代。

1. 月度/季度迭代

每月迭代是一个频率较高的情况，主要针对的是市场变化、政策变化、社会热点变化等因素，这些造成的案例迭代是必要，比如产品销售类的案例迭代，以月为单位是比较好的，做到每月一次。

也可以每个季度进行一次迭代，这里就要考虑具体情况。高频迭代的案例，可能在迭代的空间上比较小，只是对其中明显发生变化的条件做一些完善。等于说，每次迭代就是做一点"修补"工作，是将最新发生的情况融入其中，确保其案例经验是鲜活的、实用性高的。

2. 半年/年度迭代

有些案例，其外部条件改变的空间不大，案例中的经验可以管一两年甚至多年。比如在一些技术类的案例中，其内在的原理是不变的，只是在某些产品升级过程中，技术参数会有所变化，那么是可以以半年/年为单位进行迭代、更新的，如此将最新的情况纳入其中，以确保经验的鲜活，使用时各种信息在"保鲜期"。

总之，迭代的周期受外部条件和案例本身属性的制约，条件变化快的迭代周期短一点，条件变化慢的周期长一点，前者以月/季度为单位，后者以半年/年为单位。同时，我们可以将案例迭代工作融入实际工作中，可随着公司部门月度会、季度会和年会等一起提出、开展和落实。

迭代奖励

迭代工作是重要的，可以更新经验、指导工作，对公司知识系统的持续更新，有着不可估量的价值。想要做好迭代工作，必须有明确清晰的奖励机制，这是案例迭代的有力保证。

很多时候，案例长年没能更新迭代的原因不在于没压力，而在于没好处，优秀的领导者始终会以良好的激励措施，让员工发挥出最大的才华。案例的更新、迭代也是如此，是不必使用强制的行政命令来干预的，很多时只需一点点的物质激励、精神激励的措施，便能很好地解决问题。

1. 将案例迭代纳入公司案例库建设中，构建长效机制

案例迭代不是一项孤立的工作，需要案例开发者等进行独立的专项工作。虽然它的开展和落实距离组织培训、萃取案例的时间可能较长了，但它是公

司整个案例库建设的一部分，不能将其视为碎片化的工作内容，而应是系统工作的一个构成，需有一个长效机制，不能虎头蛇尾，需要建立闭环管理。

2. 建立明确的管理制度，主导案例迭代的管理

公司应从案例的萃取开发、更新迭代、评级评奖等方面，建立明确清晰的案例管理制度。短期可以用培训经费、部门经费进行奖励和牵引。

比如，每开发一个案例奖励1000元，每年迭代一个案例奖励500元；除了物质上的奖励之外，在特定的时间进行精神上的奖励也很必要。比如年中工作中对案例开发优胜者、迭代积极者进行颁发证书、奖杯等，延续对案例开发者的持续奖励，而对拒绝迭代的案例开发者予以通报批评等，可以很好地促进大家的工作，从而促使公司经验的升级、工作方法论的进一步提升。

迭代是为了"保鲜"，案例中的"个案"因为随着时间流逝而变得陈旧，案例中经验也会随着工作要求、工作条件的变化而产生变化，所以每一次迭代都是让案例焕发生机，使它可以在继续内部复用。从时间和成本角度衡量，迭代一个老案例是开发一个新案例的三分之一，是很划算的一种培训投入，同时也避免了徒增太多重复和交叉的成果。

Chapter 8 | 第八章

案例的应用

案例是一种典型的"小故事、大道理"的经验载体，轻松易读好学习。在开发之后，企业是可以组织内部学习，推动员工自学、交流，从而提升整个组织的经验传承和复用能力。案例萃取之后可以在个人成长、案例教学、团队管理等多方面进行应用，充分发挥案例萃取的价值，做到一"案"百"例"，一"案"百"用"。

第八章
案例的应用

案例库建设

越来越多的企业意识到经验萃取的价值，意识到建设公司案例库的意义，只有不断累积经验、充实案例库，才能确保企业经验不流失、少流失，才能让经验在内部早传承、广传承，进而保持更长久的生命力。

单个案例的力量是非常有限的，只有构建丰富的案例库，才能将多种工作场景展示出来，进行更强大的融合。所以，基于工作场景、工作任务、高频而重要的工作问题（主题）等，批量萃取独立而又可复制的典型案例，才能给每一个工作任务以成功案例的支持。

想想看，当一件件"牛事"以案例的形式在企业内部生成、流动、学习、传承时，其产生的工作力是多么巨大！实际来说，企业可以建设三级案例库——岗位级案例库、部门级案例库、公司级案例库。

岗位级案例库

基于关键岗位进行的案例萃取，能确保岗位价值，从而不因岗位易人而出现工作效果打折扣的情况。其具体的做法是：通过梳理岗位典型且重要的工作任务、高频且易错的工作问题，在萃取师的有效指导下，搭建岗位学习地图，从而保证员工对其岗位的工作任务有深入的了解。

从组织的层面思考，按照岗位的要求进行学习地图的萃取，可以有步骤、分批次地建设岗位级案例学习库。比如，一次集中的案例萃取，30个学员，2~3天时间就可以萃取30个案例，从而将岗位的知识、能力等以案例的方式进行存储，以经验输出的方式进行留存。

比如以公司的营销岗学习地图来说，可以针对不同的营销人群、针对线上线下的工作场景、针对公司产品和服务的需求、针对公司年度战略的开展等进行不同主题（含细分主题）的案例萃取，从而打通不同人群、场景、需求、战略等层面的隔阂，进而疏通岗位的各项知识能力、经验模型等，大大提高员工的工作能力。

岗位案例库是最有力量的，一次萃取，可以产出多个案例成果，一般需要2~3天时间。只要企业针对关键岗位逐个进行岗位经验萃取，就能以最快的速度搭建起岗位级案例库。

部门级案例库

一个部门，可以由多个岗位构成，管理者的、执行者的；主要的、支持的；中心的、外围的等职责分工。而一个部门就是一个天然的团队，其战斗力是综合的，不能因其内部人员有工作经验的短板，导致整体战斗力的削弱。所以构建部门级案例库是非常必要的，还可以在新人进入部门时进行相关案例的学习，使之快速融入团队。

具体操作时，可以把核心部门的部门级主题（问题）做一个梳理，把每个岗位的问题做一次梳理，搭建一个部门级的学习地图。

同样也可以采取大班的案例萃取方式，每次针对一个主题、一类问题，集中萃取 30 个左右的最佳实践；通过几次萃取工作的落实，可以初步完成部门级案例库的建设，继而迭代、更新、学习，以强大的知识系统、经验系统来应对部门内的各项工作，确保各项工作指标的快速达成。

公司级案例库

这是相对更高规格的案例库，但其构成并不是简单地将公司内各部门、各岗位案例叠加就可以。站在公司的高度去考虑战略、管理、营销、产品研发、技术等问题，是可以突破一个岗位、一个部门的局限，从而萃取更高规格、更大经验信息量的案例。

所以，公司级案例库的建设，一方面是从岗位和部门中精选案例，使之有一个基础的存量；另一方面则站在公司层面，规划值得萃取的通用案例，比如职业化、管理、营销、服务等方面的通用主题性案例，以及部门间协作主题的案例，从而为彻底打通公司内各部门之间的良好协作，奠定一个基础。

公司案例库是一种结果，但要体现在一个过程上。一般来说，需要一个科学的时间规划，进行多次切实的萃取过程，在关键岗、核心部门的基础上，通过 3~5 年的持续发力和建设，最终形成公司级的案例库。

此外，案例库中的经验和案例本身，其知识产品属于公司，主要用于公司内学习、提升，一方面需有保密制度的建立，不能轻易将公司内案例流入社会，造成不必要的损失；另一方面，不同岗位的人员在内部学习时，可以领取到适合其岗位，高度关联其岗位的案例进行学习，而不必无条件向全体员工开放。这样做可以让案例的学习更有针对性，同时对案例中的一些保密数据（如技术资料）进行更好的保护，既能避免泄密，又能体现学习的针对性，减轻员工在学习中的压力。

案例在推广传播时，也要考虑学员的实际情况，可以规定案例使用者的借阅条件、申领步骤，学习后提交学习心得、改进建议等，让案例的每一次复用都有改进，让案例的每一次传承都有声音。

企业案例库的建设，可以从岗位级、部门级到公司级分层分级分阶段建设，不必刻意万箭齐发，同时开始，但每做一个级别就要做到位，做到"萃完经验存，取完出案例"的成果产出，一年一个建设重点，一做就要做透。这样，几年下来就形成了美化的结果——企业级案例库。

第八章
案例的应用

个人成长

案例在应用时的一个优势在于可以充分自学，受众对象可以直接学习案例承载的各种经验，从而提升自我。那么，如何学习来实现这种成长呢？

自学阅读

散漫的、没有目的地浏览，是最难学到案例精髓的，是最难体会其中的好处的。

案例库中的各种案例，是经过萃取培训、专家评审、二次评审、案例迭代等过程铸就的优秀案例，其中蕴藏着大量丰富的经验和技巧，其价值不输于教科书，但又比一般性的教科书生动、具体。所以，案例学习者最好制作一份学习计划，有目的、有计划地开展学习。

1. 制定学习计划

学习计划中必须包括基本的个人信息、学习时间、学习目标等多项内容，严格要求自我，并在每个案例学习后撰写百字的学习心得。对个人成长帮助大的案例，当然也可以突破百字限制，而将体会向纵深发展，从"优点、缺点"

等角度提出个人看法。如此，可为后续该案例的迭代、调整提供一些新的思路。

2. 开放特定案例

公司可以针对案例学习者的需求，向其开放特定的案例类型，并要求学员在规定时间内完成学习，提交百字学习心得、建设性意见等，促使学习者按照特定的学习表格展开，按照一定的学习结构去撰写心得等。一句话：提供和创造学习条件，促使其达成学习效果。

对标反省

除了上述的自主学习之外，案例学习者要注意：必须时时对标、反思，每个人都有自己的工作方法和工作经验。已经纳入公司级案例库的案例，一般来说其意义是非凡的，其价值是已经被专家评估了的，我们作为学习者，必须树立"向标杆学习"的观念，以"见贤思齐"来要求自我。

尤其是本部门、同岗位的优秀标杆的案例，我们不仅可以看到曾经发生过怎样的真实案例，还能看出同事的积极应对策略，以及当时取得的工作成果，对其步骤化的经验可细致品咂，对标自我，考虑如果是自己，在当时的场景中，会怎样做？会得出怎样的经验？会有怎样的工作成果？

学习者面对跟自己高度相关的工作案例，越是秉承平和的学习心态，越能从中得到更大的收获。你能借此洞察到他人是如何操作的，从而去改进自己的方法。如果你是一名新入职的员工，还能从这些经验中体会到公司的文化，这对自己更好地融入新公司大有帮助。

案例作为身边人的优秀经验轻载体，唾手可得、随时可学，部门管理者完全可以将案例学习融入员工培训中来。比如，可以融入部门早会中，每周一案例或每日一案例，一人讲授案例，大家学习了解，促进团队共同学习。个人学习案例可以写到工作计划中，每月学习至少四篇案例等。

案例教学

案例教学是大家熟悉的一种培训方式，通常在课程中引入案例，引导学员对其研讨、分析，选择小组或学员进行发言，然后讲师对其发言内容进行点评和补充。

针对案例应用而开展的课程教学，其核心要点在于：通过对个案的分析和研讨，思考可以对标学习的地方，深入探究其内在的经验、细节、重点和难点等，以深入到案例中去，更好地认识案例本身。

案例编写

不论我们在课程中对一个案例进行展开，还是用几个同类案例展开课程，首先都必须面对一个案例编写的问题。这是非常实际的问题，因为在课程中，我们大多数都采用 PPT 课件的方式，以确保课件的使用效果，而不是文字的直接复制和粘贴。

1. 做减法的意识，抓住案例中的要点

课件中的案例编写，必须要做一点减法，决不能像 Word 版的案例那样长篇大论。毕竟，文档中的案例叙事，是以读者阅读为场景的，而 PPT 中的案

例陈述，是抓要点、服务于课程讲解的，因此在案例编写时，首先就要做减法，但也要遵循案例讲述的内在结构：

- 案例背景页；
- 冲突内容页；
- 选择挑战页；
- 流程行为页；
- 案例结果页。

以上几个要点，基本覆盖了一个"个案"的基本结构，再加上故事的导入页等，是可以通过 PPT 完整表达一个案例的来龙去脉的。

其中，案例的冲突页，可以一个冲突一个页面；选择挑战也可以细分页面，以更好地在课件中体现。另外，如果案例中的"故事"很复杂，那么就有必要给出大量的文字支持，可以打印出相关材料，发给学员进行阅读，灵活地处理案例过程，使之先入学员之心，后将学员带入场景中。

2. 呈现多个案例，需要详略有度

在同一主题下，如果要给出两三个案例，需做到有详有略，不要每一个都给出大量细节，耗费学员大量阅读时间，可以在一个的基础上，进行一种延伸，使学员了解必要性就可以。后续的案例经验，也需围绕重点案例展开，必要时对比分析一下就可以。

如果是容量大的案例课程化，或者"案例对比"的课程，那么则另当别论。

设置问题

每一个案例之后,都必须有一定的问题,问题的设置是有讲究的,体现的是一种教学设计——好的问题是设计出来的。再说,每一个案例都是可以进行多角度解读的。比如伟大的文学巨著《红楼梦》,在不同人眼中观感也不同,鲁迅先生就此曾说:经学家看见《易》,道学家看见淫,才子看见缠绵,革命家看见排满,流言家看见宫闱秘事。

可以想见,同一个案例在不同知识背景人的眼中,会有不同的结论指向。有人看到了困难的艰巨;有人看到了技术的不足;有人看到了选择的重要。为了在课堂上引导学员的思考方向,我们必须结合课程的知识点,对案例设置2~3个核心问题,每个问题对应要传递的知识点。

掌握了这个要点,才能将案例的价值、指向,充分掌握在课堂讲述者手中,进而引导学员找准经验萃取的方向,真正对接自己的工作场景,切实地把经验内化。

当然,我们所提出的问题,其有关信息需在案例中有充分的交代。

比如,银行遇到一位老年人不会使用智能手机功能,向网点求助一些事项的案例。在介绍案例之后,提出了如下问题:

问题1:如何通过特色服务帮助老龄群体实现财富增值?

问题2:如何通过日常性的帮助,向老龄群体延伸和推荐我行新业务?

两个问题的设计,将个人上升到群体,一是着眼于客户财富增值的技术方法,二是针对特定群体进行的业务营销。这两个问题都可以作为关键性的问题,供学员探讨和交流。

说明规则

当我们向课堂中的学员抛出问题后，各小组成员会根据自己的认知进行分析、交流，要想让这种交流和探讨，沿着我们所设想的方向进行，以得出更有价值的结果，我们就必须对探讨和交流的方式设计特定的规则。包括但不限于以下三点。

1. 个人思考还是小组探究

两种教学方式的结果有差别，要结合现场情况来设定。不论我们是以个体方式学习，还是以小组方式学习案例，都可以根据需要和实际情况进行设定。当时间充分时，可以进行个人思考，呈现每个人的思考结果；但如果时间紧张，可以按照小组探讨，每个小组给出一个结果。

2. 思考、探讨的时间

思考多久？探索多久？其设定的时间必须事先考虑好，但要结合问题的深度、探讨的深度和广度，进行科学的设定。比如探讨10分钟、15分钟，这个时间的设定不宜过长，探讨的结果其实可以在短时间内完成。如果超过30分钟，学员讨论的热情会降低，过长的研讨时间并不会让结果更丰富。

3. 发言的结构和顺序

让学员发言，不管是代表本人，还是代表小组，都最好有一个既定的发言结构。比如"观点—理由"结构，给出观点的同时，至少给出两条理由；"观点—理由—结合工作"结构，给出观点的同时，给出理由，并结合自身业务稍做展开；"观点—理由—个人看法"结构，抛出小组观点意见的同时，说明小组的具体理由，最后给出自己的个人看法等。总之，要沿着一个特定的发言结构、发言顺序展开，否则容易乱，容易遗漏某些人、某些小组的意见等。

点评总结

在学员发言过后，萃取师必须及时总结、评点，给出清晰的意见。或对或不对，或对中有错，或错中有对，或全面或不全面，或合理不合理，或适合不适合，或到位不到位等点评，萃取师都要给出具体看法，而且看法要鲜明准确，不能模棱两可。

案例教学的核心是教学，点评总结的环节要做重，否则会出现虎头蛇尾、头重脚轻的结果。如果个人、小组的发言只覆盖问题的一部分思考和答案，讲师一定要补充、点评完善，让大家清晰对标准确的答案。即使是开放性问题，也要多角度考虑，以弥补思考的局限性。

最后，萃取师需要对案例传递的共性经验、个性经验等进行一个深度总结，并在表达中予以升华。

案例作为课程的一部分内容用来举例，是很容易做到的。以案例为主线的教学是比较困难的，需要从个性到共性，从问题到经验的循序渐进式加深，需要通过几个案例传递课程的核心内容和经验。

第八章
案例的应用

榜样宣传

案例往往是公司里"牛人"的工作事迹，是可以作为榜样在企业内部进行广泛持久的宣传，进而推广其先进的工作经验。榜样的力量是无穷的，将具体的案例在内部进行宣传和推广，对大家整体工作效率的提高、企业文化的建设，有着非常重要的意义和价值。

业务标杆

业务标杆的树立，对周围人的激励效果是显著的。每个人都想成为业务标杆，都希望自己的工作事迹能上榜，况且这是一件名利双收的好事。所以，通过树立业务标杆，去激励更多人发挥自己的才华，争取人人都做业绩达人，可以在企业内形成良好的竞争氛围。

业务标杆的树立，必须与其业务成绩关联起来，而通过案例来展现"牛人牛事"，是最通俗易懂的一种方法，并且可以将案例中的各种经验展示出来，供他人参考和借鉴，这也是最容易深入人心的。

需要注意的是，在公司内以宣传为目的而展开的案例推广，不能照搬案例中固有的文字量，需将其核心内容进行一番压缩，以简练的文字、图片呈现在海报、易拉宝等媒介上，放在特定位置提醒大家学习。同时，可以将案例中的事件和部分经验，以文章的形式发表在公司内刊，供大家学习；也可以将其案例在文章化之后，发表在公司的公众号、百家号、头条号中，但需注意保留部分需要保密的内容和数据。

这些方式，不仅可以树立优秀的业务标杆，关键是宣传推广还让更多人看到、听到、学习到优秀案例。既传播了业务经验，同时也推动了团队的文化建设。

比如在一家重视业绩宣传的公司里，在距离前台最近的走廊中，有一面业绩达人专属墙，每个月的业绩达人，其照片都会有序地出现在其中。时间久了，公司内人人知道本月的业绩排行榜情况。在照片墙的标题处，有一规格较大的二维码，可以供大家扫码查看具体的达人业绩和主要经验，扫码后的内容是动态变化的，每月更新。这里也成了单位里最受欢迎的公司一角。

文化榜样

除了上面的业务标杆，还可以从文化的角度入手，以"先进工作者""萃取牛人""经验达人"等道德文化的角度，进行公司文化的宣传，打动更多的人。

毕竟，有着良好业绩的达人，是公司文化的践行者、代表者，他们在工作中敢想敢干，敢于冲锋向前，能克服种种困境、迎难而上，敢于创造性地解决问题，而不是单纯依赖公司提供的各种资源、支持、指导，又始终把公司利益放在首位等，才能较之常人取得更大的业绩。所以，值得我们将其列为文化榜样，记录他们工作中的一言一行、一举一动，发扬其工作精神，将凝结在其中的公司文化阐述出来。

公司内刊、内部论坛等都可以很好地承载业绩达人、文化榜样的精神和事迹。在内刊中设置达人专栏，在论坛中设置达人专题等，都能很好地解决达人的宣传和推广等问题，从而让达人的优质经验、榜样的精神等，在公司内得以流动、得以被学习，进而得以被传承和被使用。

每一次案例的宣传，都是对案例开发者的一次宣传、鼓励、肯定。经验在内部传播中得以传承，开发者在内部宣传中得以扬名，这是一举两得的举动，企业可以有计划、有节奏和系统地推广案例，打造"人人有经验，人人有案例，人人学案例，人人用经验"的培训氛围。毕竟，案例萃取之后的最大浪费，就是放在电脑里，而不是放在更多人的大脑里。

团队管理

案例是典型，"牛人"是标杆。管理者如果能抓住"牛人"案例的示范效应，在团队建设过程中就可以发挥有力的价值和作用，让部门从"一人牛到人人牛"，提高整体员工的工作能力，促成整体业绩的改善和提高。这是每一个部门管理者都值得深入思考和有力践行的举措。

团队学习

组织团队学习牛人牛事，可以促进优秀经验的快速复制、转化，从而更广地应用经验。在组织的时候，需提前做好准备工作，最好由案例开发者本人进行解读。解读时，既可以根据案例文档直接讲解，也可以做成PPT课件进行经验的传授，不管怎样的形式，以保证学习效果为前提。

部门组织

以部门为单位组织学习本部门的经验，同时安排一些公司级的通用案例进来，可以更好地激发大家的学习热情。

个人讲解

案例开发者个人讲解最好，但如果因条件不具备，则可以由部门领导者或指定人员事先熟悉案例，再进行讲解和讨论。

注重仪式

学习不要采用松散的方式，能体现出一定的仪式感是最好的，这样可以引起成员的高度重视。

比如，在团队内部发正式通知，在指定的时间和地点进行学习；宣读学习纪律；设定学习小组；给出学习目标等，可以更好地保障学习效果。

重在应用

学习者可以根据所学经验，结合自身的工作实际，进行若干工具的开发，从而将经验的学习彻底展开、真正落地。

切忌单纯地讲解、单纯地输入式学习，要以大家的交流互动研讨、分析评价、工具化应用为目标。这样做不仅可以将案例真正落地，而且更能营造团队的学习氛围，有利于学习型组织的打造。

会议典型

通过会议手段来完成学习，安排优秀案例的典型代表进行解读，发表意见等，是一种很好的学习方式。可以将这种学习与日常工作会议相结合，在会议中讲解案例的特定项目，从而免去了另行通知、单独处理的一些麻烦。当然，针对一些公司级的通用案例，可以展开专门的学习会议，邀请案例"牛人"进行宣传，以自我陈述的方式展开案例学习。

精选案例是根本

案例库中的案例很多，把什么样的案例安排在大会上讲解是需要进行一番考量的。这里应以案例的质量、案例的使用广度、受众的需求等结合起来，不要以讲解者是否为公司领导作为主要指标。

组织专项学习会

如有必要，可以在公司范围内组织"牛人"进行案例讲座，考虑会议的规模、案例类型等条件，确保与会者能在案例中真正受益。同时，也可以有侧重地安排不同的案例开发者登台，不必拘泥于PPT讲解一种形式，也可以通过演讲、自我陈述等方式进行，只要围绕目标达到效果就可以。

另外，每次专项会议后，可以将案例的系统内容，以电子化的方式发到公司群，或通过二维码扫描等进行深度学习，确保大家对资料有充分的掌握。

复盘反思

复盘是一种很好的回顾手段，便于总结经验、理清过程中的得与失。所以团队可以在定期的复盘会业务交流会上，结合某些事件进行复盘，同时引入"牛人"分享个案，大家通过个案集中去反思个人的短板，以及弥补短板的一些做法，从而提升战斗力。

复盘常常针对刚刚发生的一些事件，在这个过程中可以融入"牛人"的案例，使团队结合当前情况和他的案例过程，进行对比、分析、综合，从而萃取出更有价值的经验，还可以借此令案例开发者去迭代其案例，充实其经验，是一件一举多得的事情。

不管是团队学习、会议典型，还是复盘反思，其根本的目的都在于将案例中的精华加以传播，以影响其他人的认知，提高其他人的经验水平。所以其组织的形式是次要的，应该始终围绕根本的内容，进行多样化的学习，在丰富的经验流转中人人都受益、人人有进步。这是经过经验萃取、案例开发之后的系列工作，对提升公司人员的整体素质、业务能力等，有着切实的意义和价值。

案例转文章

案例萃取是一个标准化的过程，所以常常采用表格进行结构化的呈现，用表格来区分上下因素，使案例开发者在开发案例的时候有结构可遵循，是一种非常便利的方式。但对读者阅读来说，自然是以文章的形式更佳，包括将其中的部分内容整理成公众号文章、内刊文章，都能打破其最初形式，而赢得更多的读者关注。

如何做才能高效地实现"案例转文章"呢？要经过两个步骤：去掉表格、补充过渡。

去掉表格

去掉表格是一大原则，这一步看起来是简单的，但去掉之后不少内容是零碎的，并不是文章的结构，因此在去掉表格时，我们就要留意按照文章的结构、行文等要求来提取表格中的文字内容。

案例转文章，可以分两种情况，一是全案例转文章，是将案例中的全部内容转成文章；二是精选内容转文章，是指将案例中的关键性内容转成文章。

全案例转文章

主要是去掉表格边框，将其中各个要素组合起来，比如标题、金句、典型案例、整体思路、方法等，在删除表格边框后，稍做连缀成文即可。

精选内容转文章

对需要发表的文章来说，精选内容转文章更切实实际，可以根据文章的需要，将案例中的核心内容摘取出来——标题、典型案例、整体思路，再依据需要做一点润色工作。

不管哪种情况，标题本身的处理都很重要。

标题是文章的灵魂，是吸引读者注意的第一个关键，我们可以将案例中的"标题"和"金句"整合起来，变成一个双标题文章。

比如，在"按揭：贷款业务渠道拓展"的案例中，其标题是"新入行'小白'如何拓展渠道"，金句是"只要你肯跑，渠道少不了"。在转文章的时候，可以直接变成："只要你肯跑，渠道少不了：新入行'小白'这样拓展渠道。"

在转化标题的过程中，大都可以直接拿过来使用，只有当考虑文章的发表渠道，需按照特定的方式做一些修改时，才有调整的必要。

补充过渡

案例只是文章的雏形，需要从文章上下关联的角度进行适当的补充，以确保文章在结构上的完整性。

概括性文字介绍

在文章中，可以在个案上加一个案例和经验的概要性介绍。比如在案例"新入行'小白'如何拓展渠道"中，我们可以增加一点文字性的介绍，作为一种导入、一种铺垫。

渠道拓展是一项重要的工作，对公司业务的拓展有着极其重要的价值，尤其对新入行的"小白"来说，能在渠道中进行一番拓展，不仅可以快速增加绩效，更能让自己更好地融入整个行业链。这里通过一个"二手房贷款"的典型案例，以"七步拓客法"来指导大家如何实现对渠道的快速拓展。

这样的介绍，可以将文章中的主要内容、观点进行扼要介绍，给读者一个清晰的交代。

过渡性补充

去掉表格外框之后，形成文章之前，我们需要在部分内容中补充一些过渡性文字，从而实现良好的衔接。比如如表8–1所示的"整体思路"，彼此之间的没有衔接的，形成文章时需增补一点文字。

表 8–1 整体思路

整体思路	一主四辅：以中介营销为主，以定向、存量、网络、关系营销为辅 四大资源：网点、关系、客户、信贷资源 三个优先：效率、信贷安排、新产品和优惠活动 四方共赢：中介、售房人、购房人、银行

我们可以这样衔接：

就整体思路来说，是以"一主四辅"的思路展开的，即"以中介营销为主，以定向、存量、网络、关系营销"为辅；同时借助"网点、关系、客户、信贷资源"这四大资源，体现"三个优先"——效率优先、信贷安排优先、新品和优惠活动优先，最终实现"四方共赢"——中介、售房人、购房人、银行共赢。

上述的衔接中，我们将彼此没有连接的句子做了衔接，从而形成一个完整的段落。

增补小标题

小标题在文中会很醒目，是读者阅读时的一个清晰的标志，是作者写作时内在思路的一种表现。

其实在案例中已经有一定的天然小标题，比如"方法"中的"七步拓客法"，其本身就很好的小标题。加上我们在萃取课堂中对提炼的步骤、流程等做了口诀化的处理，这些都可以作为文内的小标题使用。重要的是：要对其作为标题使用进行一种强调，做一点格式化的处理，比如标题居中，加粗等，以及下面要说的文内标题序号。

注意序号的使用

文章中的序号，可以最清楚地体现层级和层次，即使在书籍中也有一整套的序号标准，可以帮助读者快速理清思路。

序号的使用主要有以下几个层次（如表8-2所示）。

表 8-2 序号层级

层次层级	具体序号	注意事项
一级序号	一、二、三、……	其后用顿号
二级序号	（一）（二）（三）……	括号外没有标点
三级序号	1.2.3.……	数字后用圆点，不用顿号
四级序号	（1）（2）（3）……	括号后没有标点

我们可以根据上述的层级序列使用序号，从而让文章层次变得更清晰。一般大案例才会用到四级序号，中案例用到三级，小案例用到二级，微案例用到一级。当然，具体序号级别需要看当次萃取的篇幅和企业对格式的要求。

结尾段落的总结

文章结构的最后一步是总结，在表格化的案例中可能是没有的，因此需要我们在转文章时单独处理。这其实很简单，将文中的核心意思稍做概括，体现目标意识（扣题）就可以。

比如：通过"拓客七步法"以及案例中的工具化使用，即使是新入行的"小白"也可以轻松搞定渠道问题，吃透七步法的核心精髓，大胆尝试，往往可以快速突破，从一名"小白"快速成长为一名渠道老手。

在这样表述中，不必具体地重复文中内容，只要稍做梳理，扣题就可以。案例转文章，需要根据后续的应用做一定的灵活调整，在微信公众号、网页的文章，需要结集合成的案例集、手册，在一些结构和格式上也有所不同，需要针对性地调整。案例转文章，最终还是为了更好地传播经验，更方便阅读。

第八章
案例的应用

案例转课程

　　案例在讲解之前，常常需要制作一个PPT。整个案例可以转换为一个课程，微案例对应微课，中小案例对应短课，大案例对应长课程。实际上，案例转课程也是两种办公软件之间的转换，是从Word转PPT的过程，需要经过规划大纲、补充素材、包装课件三个环节。

规划大纲

　　做PPT课件，是需要有一个整体的大纲思路的，也就是以纲要、结构来完成整个课件的制作。事实上，将案例转课件可以分成以下两种情况。

1. 案例结构就是课程结构

　　不改动案例本身的结构，直接将其复制到PPT当中，顺延其内在的思路，从案例中的事件说起，继而讲解其内在的经验（共性经验、个性经验、遗憾教训）等，再将其中的工具，如表格、矩阵、公式等罗列在特定的标题下，就可以完成这种转化。

　　这种思路要求案例开发者严格按照标准化的模板展开，且在结构和内容上严谨、认真，便于直接转化。

2. 重新拆分二级大纲，将案例融入其中

第二种是根据主题的序号，重新拆分课程的大纲，而将案例中的内容作为素材，将其融入到新课程当中。在这个过程中，需要作者体现出一定的灵活性，比如有时需要灵活地调整一级目录、大纲结构的数量和级别，以保障各个单元的容量是相近的。重新拆分，是比较困难的，但是会贴近最新的需求。

补充素材

课程化的一个要点是，需要补充大量的素材进来，从而在 PPT 页面中呈现更丰富的信息量。要知道：案例是从可自学、可阅读的角度展开，用文字来呈现的，而课程则是需要讲解、演练才能学会的，两者之间的过渡需要增加素材。并且，随着素材的增加，PPT 课件会更生动、更美观。那么，补充什么样的素材呢？以下素材是可以用来参考的。

数据

将适量的行业数据融入课件中，可以增强内容的说服力，从而让读者了解行业发展变化、现状等。比如成绩的数据、对比的数字、历史和现状的数据等，数据可以在 PPT 中放大，效果更理想，感受更直观。

名言

名人格言或公司、行业内的大咖，针对行业、产品、营销、技术等发表的言论，可以帮助读者理解背景、论证观点，进而增进读者的认同。比如马云常说的"营销最佳的语言是自己的语言,而不是套用别人的话",这是他对营销的一种理解,可以佐证我们的观点,或者引出我们的观点等。

故事

好故事就是好案例,好故事中可以挖掘出深刻的道理。况且,故事是人人喜欢的素材,其在课程中的效果是早已被证明了的。一个好的故事,可以吸引读者注意力,激发读者思考,课后也可以形成更好的印象和传播效果。但要注意的是:我们选择的故事,最好是新鲜一点的,不要老生常谈的故事,那样对课堂的学员缺乏吸引力。当然,选故事的前提是贴切。

示例

示例就是以示范的方式告诉别人怎么做。讲授什么知识点,就可以提供什么样的示例。示例是学员模仿学习、促进理解的好方式,每个知识点的教学都可以采用。其中的示例需注意,一是通俗易懂的生活示例,二是关联度低的外部示例,三是紧密联系的专业示例,如果三者都能有所涉及,那是最好的。

案例萃取时需要萃取流程,此时萃取师就会展示一些步骤化的一级流程出来,便于学员看到具体的效果,以形成一种示范与模仿。

比如一级流程是搭建平台,按照分类的方式进行拆分二级,结果如图8-1所示。

案例萃取的课程之所以能够大班萃取,批量产出成果,就是因为每个环节的知识点都给学员参考的示例,这样学员可以快速理解学方法,根据示范做练习,产出初步结果,萃取师再点评建议,学员完善优化,最终产出合格的阶段性成果。

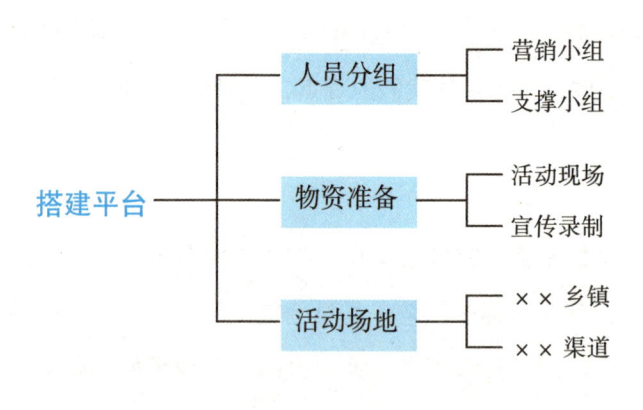

```
                    ┌─── 营销小组
         ┌── 人员分组 ┤
         │          └─── 支撑小组
         │
         │          ┌─── 活动现场
搭建平台 ─┼── 物资准备 ┤
         │          └─── 宣传录制
         │
         │          ┌─── ××乡镇
         └── 活动场地 ┤
                    └─── ××渠道
```

图 8-1　二级拆分

图片类

这是常见的一种教学资源，能很直观地被学员看到，在教学中效果尤佳。在寻找图片、动图素材的过程中，我们可以运用检索工具、网站等，通过关键词的检索进行下载、复制，再添加到你的 PPT 课件中。

对有能力使用 PS 的案例开发者，可以将找到的图片做进一步的处理，以使其色彩、比例等达到更好的效果。自然，也可以使用 PPT 自带的图片工具进行裁切、色彩处理等。

图标也是常见的一种资源，在以短句、短语为主的课程中，好的图标给人印象也是深刻的，简单的方法是可以在第三方软件中，加以选择、运用，从而显得更加专业。普通的案例开发者尽量不要自己设计图标，因为这需要有一定的美术功底才行。

音视频

音视频资源在今天，早已不是什么新鲜的东西，但对 PPT 课件来说，适当的音视频资源（视频＞音频）是可以起到很好的课堂效果的。但要注意的是，引入的音视频资源必须贴合当前页面的主题，必须内在地符合课程逻辑。

好的视频常常来自影视作品，具有广泛群众基础的视频，可以和新观点相结合，比如《三国演义》中的一个片段，很多人是熟悉的，但新奇的观点一出现，可以给学员更特别的视角；如果是小众的视频资源，则因资源本身的少见，可以引发读者的好奇。

课程中的资源包括但不限于上述种种，在具体的课程中，我们不必面面俱到，但需要结合当时情况、主题等进行一番考量，如果将上述资源进行一种规格、程度上的划分，可以分作轻资源、中资源和重资源。

轻资源：格言、数据在规格上属于轻资源，其内容信息量不算大，查找相对容易，讲究的是一个准确性，其出处必须严谨、考究，而不能随便写一段话；数据资源最好有具体的、权威的出处。

中资源：示例和图片属于中度资源，找到它们并不算难，但需花费一番心思，以更好地对接自己的观点，真正将图文、观点和示例对接起来，促使学员快速理解。

重资源：相比而言，故事和音视频可以说是一种重资源。视频查找、对接的难度更大，要细心找寻，有时将视频转成的动图，也有这样的效果，但工作量、难度等相对较大。

而故事虽然俯拾皆是，也很受学员的喜欢，但找到贴切的新故事，而不是人人皆知的老故事，并不是一件容易的事情。

总之，要将上述素材充分利用起来，不要单一地使用其中的一两项，才能让你的PPT课件内容更丰富、信息量更足。

包装课件

课件完成后，当然需要一番精心的包装才好。一般来说，着眼于以下几个方面的包装，能更快地提高课件质量。

封面
如果封面是由单位统一提供的，就可以只在封面的标题上"做点文章"，通过字体的优化使之更漂亮。其中的引导性标题、个人名字、日期等可以采用一种字体，统一其大小；而正式标题则字号最大，可使用宋体等字体。

色彩
页面中的色彩考虑两点，一是主色调，二是风格。主色调与主题关联，比如技术、营销、产品、管理等不同主题，其色彩可以有不同的选择，但颜色不要过于鲜艳，适合以一种颜色为主色调，如蓝色；在风格上，图标、可以调色的图片、图表、表格等采用接近主题的颜色为上策，避免色彩过于花哨。

图片
单张图考虑图文匹配，突出图片或文字，依据页面的需要；多张图的合并，不能随意摆放，需结合成相对稳定、稳健的图形，比如长方形、正方形等，最好不要构成圆形、椭圆等，给人以不稳定的感觉，显得低幼。

文字
文字处理有不同的层次，标题文字、正文文字、图说文字等可以采用不同的规格，依次由大到小，但统一类型的文字建议字号大小统一。

动画

页面动画可以在动画和动画窗格中设定，以增加讲解中页面切换的流畅性，避免单调。对其中个别的动画效果，可以根据自己的熟悉程度进行设计，但能从内容本身去考虑是更好的，不要单纯为了形式的炫而运用各种动画效果，在一个单元中可以考虑使用同一种动画效果。

实际上，对营销、产品、技术、管理等职场PPT而言，形式永远是次要的，其课件包装优化能在一定程度、一定范围内被学员接受就可以，不必花费过量的时间。

案例转课程，是案例式课程开发的体现，基于案例成果进行教学课程的转化，是为了使可自学案例转化为可教学课程，便于一对多的传承经验。案例式课程，是课程开发类型中比较生动有趣的。企业一般都会在案例萃取培训之后，加上2~3天进行案例式课程开发，之后再用两天讲师授课讲解技巧，做成一个系统的萃取项目。

案例转手册

当我们把多个案例集中起来,"装订"在一块的时候,就可以称之为手册。其中的"装订"未必是纸质版的装订,可以是电子版的联合,集中在一个文档之中,但需考虑其系统性、有序性,不是简单地叠加。从操作上看,分作两种,第一种是表格式案例,直接合成形成手册,好处是方便、简单,但其排版效果不是很理想;第二种把每个案例转成文章,去掉表格,再基于一定的排序,梳理二级目录等来实现。

规划系列目录

案例转手册,主要有以下三种情况。

1.特别大的案例,经过扩充是可以成为一本独立手册,其含量大,内容充分,基于其结构进行规划二三级目录即可。

2.案例主题十分值得萃取的,会继续规划二级目录,剩下的主题再次萃取,形成手册。

3.以一个班级层面的多个案例,可以汇总合成一个手册,只需要对原有的案例进行梳理、排序和分类即可。

第八章
案例的应用

分工进行萃取

针对上述的前两种情况，因其内容和字数的不足，需要进行大量的扩充，故而有二次萃取的需求。这时，从整体的动作看，是对第一次萃取的一种重复，但因有了第一次萃取的经验，不仅可以做得更快，而且可以做得更深入，材料准备得更加充分，细节处理得更加到位。

分工萃取实际体现为一种小组作业的方式，由萃取师带领大家继续案例开发，能够很好地保证案例开发的专业度；如果因各种条件的限制，暂时只能由自己进行二次萃取，那么就需要经验丰富的开发者担任组长，负责整体性的工作，临时扮演一个萃取师的角色，虽然其效果一般来说不甚理想，但至少对紧急的案例可以有所延伸和拓展，为后续手册的完工奠定一个基础。

分工时必须结合自己的专业，突出自己在工作中的实际经验，以工具化、经验步骤化等策略展开。这部分明显的问题主要集中在：案例开发的结构不清晰，导致一些学员不能充分理解萃取技术的精髓；只是一股脑地写出一些凌乱的经验，梳理的程度不够，重要性考虑欠佳等，从而在事实上导致萃取案例集的失败。

一个班级层面的多个案例汇总成册，是各个案例的集锦，不需要二次萃取，但需要指定一个人负责合稿，确保整体格式一致。这个负责人就是手册的主编。

汇总合成手册

汇总成册，其本质上是一个"编辑"的过程，需要整理者有一定的"编辑、整合能力"，先要敲定手册的总目录，再将其中的内容逐一处理，沿着内在的逻辑顺序去完成。在汇总的过程中，可能会发现一些问题，要及时和各个案例开发者沟通、确认，从而及时解决，以保障手册开发的速度和质量。

手册大标题

一本手册是需要一个大标题的，如《××公司营销案例集（经验篇）》等，同时标注版权方，比如：

版权：××省××公司所有

时间：20××年×月×日

手册大目录

手册大目录中，如果案例较多，达到了十几个、几十个，那么就需要二级目录，主要体现出个案的正式名称即可；如果手册中的案例是非常典型的精品案例，只有二五个，那么可以把案例结构作为二级目录。

比如，在二级目录中体现"案例再现""经验概述""操作流程""重点""难点""技巧""工具"等。这样做是为了增加目录的信息量，同时可以更好地吸引使用者的注意，以及便于检索。

手册正文

正文集中的是各个案例的具体内容，但涉及一个先后顺序的问题。相关主题的手册，比如"营销手册"，需考虑精品案例在前，普通案例在后；紧急案例在前，非紧急案例在后；更有实用性的案例在前，实用价值小的在后。这样做也是为了方便使用者学习使用。

如果手册集中的是不同类型的主题（一般不会这样做手册），比如涉及了管理、产品、营销、技术等，那就要设定一套逻辑在其中，从而让先后顺

第八章 案例的应用

序是符合逻辑的,比如从管理开始,到产品、到技术、到营销,有一个内在的逻辑,也是可以的。

案例转手册,是让零散的案例汇总在一起产生力量,基于一个岗位、一类主题的案例汇总最有力量。多个岗位多个主题汇总的案例集作为项目结项可以使用,但在传播时会严重受限,毕竟谁都更偏向看自己关心的地方,多余的其他内容就成了摆设。

案例转手册,需要根据不同的情况展开,之所以这样做,是要集中优质内容,把精华更好地传递给公司受众员工,更好地实现经验传承,也方便公司内部的案例管理等工作。案例转成了手册,就不再是孤立无援的单独成果,而是串在一起的珍珠项链,好看又系统,全面又深入。

后 记

在做案例萃取培训之前，我曾在一家企业工作过五年时间，负责企业文化和培训的工作。五年时间里，各项工作早已驾轻就熟，处理起来准确无误，积累了丰富的工作经验。辞职后，从其他部门调来一名同事接手了我的工作。我没想到的是，在未来长达一年的时间里，她曾十几次向我咨询工作中的事情，每次用时都将近一个小时。

成为一名远程指导，并不是一件令人非常愉快的事情，尽管这可以施展你的技能，但对公司来说不该成为一种常态。道理很简单，有经验的员工走掉了，他的经验也随之而逝，真正损失的是组织自身。所以，通过萃取技术去开发各种案例，充实公司案例库，很有必要。

如果我所工作过五年的企业，每年可以组织一次案例开发，让优秀员工的工作经验得以留存，便会对企业的发展形成极大的助力。想想看，这样一来，其他人便可以"临摹复制"做参照，再发挥自身的创造性，而不是把时间浪费在远程沟通上。这样可节省多少宝贵的时间成本？更主要的是，公司的知识体系可以搭建起来，逐渐用累积的知识系统赋能每一名员工。

受新冠疫情的影响，每个人的生活和工作都有了一定的影响。对做培训的王老师和我来说，更是如此。不过，这样却有了更多自主的时间，来梳理工作中的经验，将多年的课程开发经验进行整合，化课为书。这便是本书得以出炉的起点。

王老师提出了选题后，我们立刻进行了深入地讨论。从选题这个小小的点出发，慎重敲定全书的大框架，考虑细枝末节的问题，试图将理论和案例巧妙地融合起来，以便提供真正有价值、有方法体系的萃取技术。

唯有如此，才能让企业的知识管理体系真正落地，拥有看得见、用得上，得以提升工作效率和生产力的好方法，才能避免我上述的种种尴尬——辞职一年后，还被接手的员工一次次"叨扰"，不得不拿出不少的沟通时间。

为了写好这本书，王老师更是将自己多年实战的精品案例做了查找、梳理，案例萃取是一门实战的技术，不是研究者在自家书房独自酝酿的结果。所以，力争每一个案例都是最典型的，每一处细节都是值得推敲的。所以，写书的过程其实是比较痛苦的，一次次梳理理论方法，研讨一个又一个痛点问题，考虑各章节之间的联系等，然后全面梳理和撰写过后，得到的却是满满的收获，是一种充实而幸福的滋味。

阅读这本书，你可以知道如何开发自己的独家案例，将自我的经验以案例的方式展开。不谦虚地说，这本书不仅可以让读者从中发现案例萃取的奥秘，更可登堂入室，成为案例萃取的行家里手。如果更多的读者实现了这一点，作为作者的我们就会倍感欣慰和幸福。

陆九奇

读书笔记

— 好书是俊杰之士的心血，智读汇为您精选上品好书 —

课程是企业传承经验的一种重要载体，本书以案例、工具指导企业如何萃取内部经验，形成独特的有价值的好课，以助力企业人才发展。

狮虎搏斗，揭示领导力与引导技术之间鲜为人知的秘密。9个关键时刻及大量热门引导工具，助你打造高效团队以达成共同目标。

这本书系统地教会你如何打造个人IP，其实更是一本自我成长修炼的方法论。

"游戏化"新型管理模式，激活作为互联网"原住民"的95后职场人。本书是带新生代团队的制胜法则和指南。

本书作者洞察了销售力的7个方面，详实阐述了各种销售力要素，告诉你如何有效提升销售能力，并实现销售价值。

这是普通销售员向优秀销售员蜕变的法宝。书中解密了销售布局，包括销售逻辑、销售规律和销售目标。

企业经营的根本目的是健康可持续的盈利，本书从设计盈利目标等角度探讨利润管理的核心，帮助企业建立系统的利润管理框架体系。

目标引擎，是指制定目标后，由目标本身而引发的驱动力，包括制定目标背后的思考、目标落地与执行追踪。

本书分力量篇、实战篇、系统篇三部分。以4N绩效多年入企辅导案例为基础而成，对绩效增长具有极高的实战指导意义。

更多好书
>>

智读汇淘宝店　　智读汇微店

让我们一起读书吧，智读汇邀您呈现精彩好笔记

—智读汇一起读书俱乐部读书笔记征稿启事—

亲爱的书友：

感谢您对智读汇及智读汇·名师书苑签约作者的支持和鼓励，很高兴与您在书海中相遇。我们倡导学以致用、知行合一，特别打造一起读书，推出互联网时代学习与成长群。通过从读书到微课分享到线下课程与入企辅导等全方位、立体化的尊贵服务，助您突破阅读、卓越成长！

书 好书是俊杰之士的心血，智读汇为您精选上品好书。

课 首创图书售后服务，关注公众号、加入读者社群即可收听/收看作者精彩微课还有线上读书活动，聆听作者与书友互动分享。

社群 圣贤曰："物以类聚，人以群分。"这是购买、阅读好书的书友专享社群，以书会友，无限可能。

在此，我们诚挚地向您发出邀请： 请您将本书的读书笔记发给我们。

同时，如果您还有珍藏的好书，并为之记录读书心得与感悟；如果你在阅读的旅程中也有一份感动与收获；如果你也和我们一样，与书为友、与书为伴……欢迎您和我们一起，为更多书友呈现精彩的读书笔记。

笔记要求： 经管、社科或人文类图书原创读书笔记，字数2000字以上。

一起读书进社群、读书笔记投稿微信： 15921181308

读书笔记被"智读汇"公众号选用即回馈精美图书1本（包邮）。

智读汇系列精品图书诚征优质书稿

智读汇云学习生态出版中心是以"内容+"为核心理念的教育图书出版和传播平台，与出版社及社会各界强强联手，整合一流的内容资源，多年来在业内享有良好的信誉和口碑。本出版中心是《培训》杂志理事单位，及众多培训机构、讲师平台、商会和行业协会图书出版支持单位。

向致力于为中国企业发展奉献智慧，提供培训与咨询的**培训师、咨询师**，优秀的创业型企业、企业家和社会各界名流诚征优质书稿和全媒体出版计划，同时承接讲师课程价值塑造及企业品牌形象的**视频微课、音像光盘、微电影、电视讲座、创业史纪录片、动画宣传**等。

出版咨询：13816981508，15921181308（兼微信）

— 智读汇书苑104 —
关注回复104 **试读本** 抢先看

● 更多精彩好课内容请登录 智读汇网：www.zduhui.com